AF548937

ROSMARIE RABANSER GAFRILLER

EINFACH SÜDTIROL

E-Biken für Senioren und Junggebliebene

30 ENTSPANNTE RADTOUREN MIT NATUR- UND KULTURZIELEN

TAPPEINER.

Inhalt

Einführung

Südtirol bietet eine Vielzahl an Möglichkeiten, um das Land auf zwei Rädern zu erkunden: Almenrunden, Seentouren, sehenswerte Dörfer und Weiler können mühelos mit dem Rad verbunden werden. Man fährt bis an und auch über die Grenzen von Südtirol hinaus und der Ausblick lädt immer wieder zum Verweilen, Schauen und Staunen ein.

Jede Tour ist mit einem oder mehreren Höhepunkten ausgestattet. Der Untergrund reicht von wenig befahrenen Asphaltstraßen über angenehm zu befahrende Forst- bzw. Schotterstraßen und ausgeschilderte Radwege. Ab und zu lassen sich auch steile Anstiege oder Abfahrten und kurze ruppigere Straßen- bzw. Wegstücke nicht umgehen. Forstwege können manchmal durch Wind und Wetter stark in Mitleidenschaft gezogen werden!

Die Höhenmeter der Routen umfassen bis auf wenige Ausnahmen bis zu rund 1200 Meter. Die Batterieleistung reicht bei einer 625-W-Batterie bei allen Touren aus. Ein Minimum an technischem Können ist im abwechslungsreichen Gelände Südtirols Voraussetzung.

Unterwegs am Sonnenberg: Schloss Annenberg bei Latsch

Ausgangspunkt der Tour
Er ist auf der Karte mit diesem Symbol gekennzeichnet.

Streckenlänge
Die Angabe der gesamten Strecke in Kilometern

Zeit
Der Zeitbedarf bezieht sich auf die reine Gesamtfahrtzeit, ohne Essens-, Trink- oder Erholungspausen.

Höhenmeter bergauf
Die angeführten Meter betreffen die bergauf zu bewältigenden Höhenmeter für die beschriebene Hauptstrecke.

Höhenmeter bergab
Die angeführten Meter betreffen die bergab zu bewältigenden Höhenmeter für die beschriebene Hauptstrecke.

Schwierigkeit
leicht: ohne technische Schwierigkeiten, meist auf Fahrradwegen/Nebenstraßen, mit wenig Höhenmetern
mittel: meist Forststraßen, welche mit etwas Kondition gemeistert werden können

Anfahrt
Die Anfahrt wird anhand der wichtigsten Waypoints bis zum Ausgangspunkt angegeben.

Ausrüstung und E-Bike

Die Angst, dass der Akku den E-Biker im Stich lässt, wird immer geringer: Die Akkus werden immer leistungsstärker und überdauern meist probemlos eine Tagestour.
In diesem Bike-Führer werden zwar spezielle Bike-Touren vorgestellt, trotzdem sind die wenigsten davon exklusiv für den Radfahrer reserviert, sondern dem „share-the-trail-Prinzip" unterworfen, d. h. Biker und Wanderer teilen sich die Strecke.

Blick auf den Grauner Kirchturm

Für ein respektvolles Miteinander sollten sich alle an die sogenannte Trail-Etikette halten:

- Respektiere den Berg: Karte lesen, Wetter checken, Zeitplan haben.
- Respektiere den Weg: Hinterlasse so wenig Spuren wie möglich und bleibe auf dem Weg.
- Respektiere dein Können: Fahre mit Einschätzungsvermögen und Reserven; handle risikobewusst und selbstverantwortlich.
- Respektiere andere Naturnutzer und Tiere – Fair Play für Natur und Mensch.

Über die kostenfreie **Notrufnummer 112** kann in Südtirol auch bei Berg- und Freizeitunfällen Hilfe angefordert werden. Dabei ist es wichtig, seinen Standort, die Art des Unfalls, nach Möglichkeit das Verletzungsmuster anzugeben sowie eine Mobiltelefonnummer, über die der Hilfesuchende gegebenenfalls erreicht werden kann.

Viele eindrucksvolle E-Bike-Erlebnisse wünscht
Rosmarie Rabanser Gafriller

1 Seeblick und Almluft am Reschen

Vom Reschensee nach Schöneben und ins Rojental, weiter zur Rescher Alm und über den Etschradweg am Seeufer wieder zurück

Parkplatz (kostenpflichtig) am Reschensee

35,3 km

 3:55 h

 1107 m

1107 m

 mittel

 über die SS 40 (Reschenpassstraße) zum südlichen Ende des Reschensees

Der Kirchturm von Altgraun, der aus dem Reschensee herausragt, übt eine große Anziehungskraft aus, trotz seines traurigen geschichtlichen Hintergrundes. Wir können den Blick darauf aus unmittelbarer Nähe, aber auch von oben genießen, z. B. von der Rescher Alm. Ein weiterer Höhepunkt dieser Runde ist das idyllische Rojental mit dem Weiler Rojen, das zu den höchstgelegenen Siedlungen Südtirols zählt. Wenn man auf dem Forstweg weiter taleinwärts radelt, gelangt man zu schönen Wiesen und Heuschuppen. Nach einem kurzen Besuch kann man wieder umkehren und Richtung Rescher Alm weiterradeln. Der Weg ist wegen der vielen Lärchen genauso ein landschaftliches Erlebnis und von der Hütte genießt man schließlich einen einzigartigen Ausblick.

Wegbeschreibung: Vom Parkplatz fährt man über die Staumauer, an deren Ende nimmt man die zweite Straße, die hinaufleitet. Nun folgt man der Linkskurve nach oben auf eine querende Straße. Auf der gegenüberliegenden Seite führt gleich ein nächstes Sträßlein bergauf; einen letzten,

Auf dem Weg nach Schöneben, Blick auf den Reschensee

sehr steilen Aufstieg mit Schwung nehmen und schon ist man auf der Straße nach Schöneben. Man fährt rechts und es folgt ein angenehmer Aufstieg. In der nächsten Rechtskurve rechts bleiben und nun kurbelt man entlang einer Skipiste auf einer Schotterstraße weiter aufwärts. Auf einer Asphaltstraße angelangt fährt man an Aufstiegsanlagen vorbei und unterhalb der Schönebenhütte geht es dann Richtung Rojen und Reschen erstmal wieder abwärts. Bei der Rechtskurve an der Talstation der Rojen-Sesselbahn empfehle ich einen Abstecher nach links zu den Almhütten des idyllischen Rojentales (Forstweg, Nr. 6). Dann kehrt man wieder auf die Straße zurück, fährt talauswärts unterhalb des Weilers Rojen vorbei und erreicht die Straße, die links zur Rescher Alm führt. Auf diesem angenehm zu befahrenden Forstweg gelangt man zur genannten Alm und weiter bis zu einer engen Rechtskurve, die zum Tendreshof hinableitet. Auf diesem Forstweg geht es in langer Abfahrt hinab ins Tal, wo man wieder auf die Etschradroute trifft. Auf dieser kehrt man unterhalb des Dorfes Reschen an der Ostseite des Sees, vorbei am berühmten Kirchturm von Altgraun, wieder zum Ausgangspunkt zurück.

Der Weiler Rojen

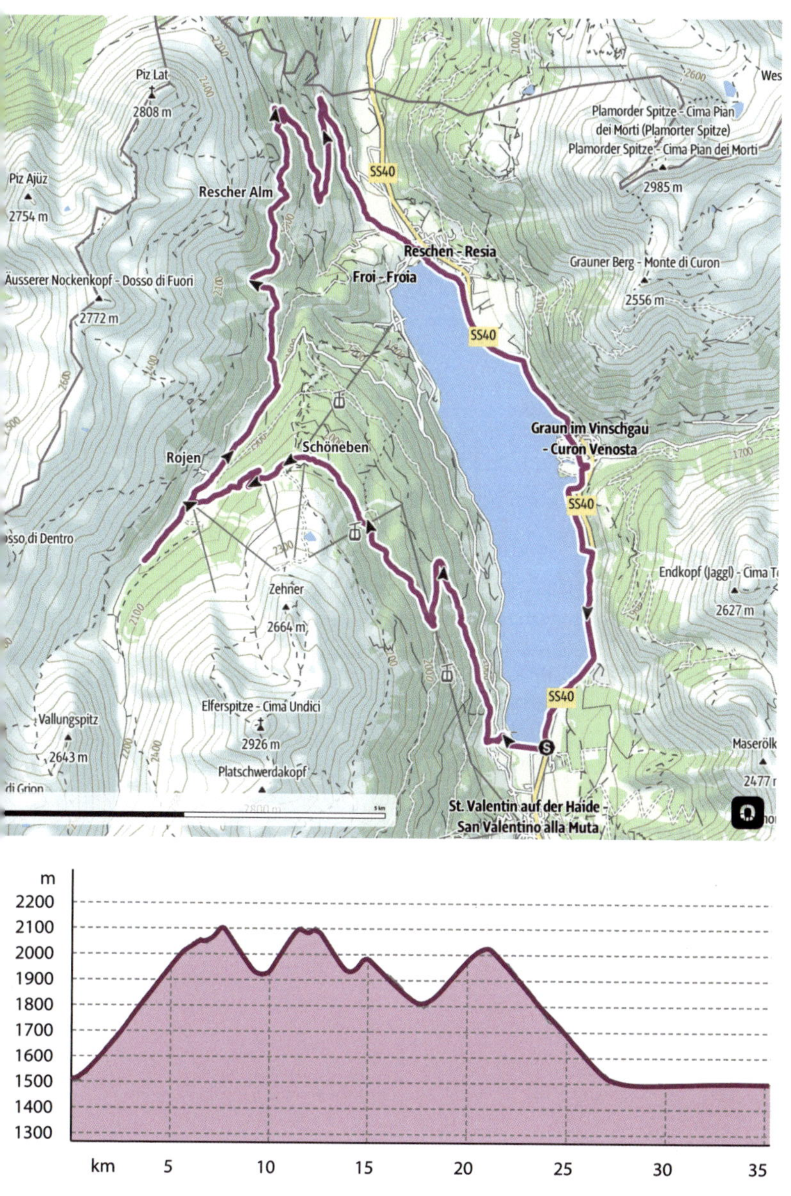
Piz Lat
2808 m
Piz Ajüz
2754 m
Rescher Alm
Äusserer Nockenkopf - Dosso di Fuori
2772 m
Plamorder Spitze - Cima Pian dei Morti (Plamorter Spitze)
Plamorder Spitze - Cima Pian dei Morti
2985 m
SS40
Reschen - Resia
Froi - Froia
Grauner Berg - Monte di Curon
2556 m
Graun im Vinschgau - Curon Venosta
Rojen
Schöneben
Zehner
2664 m
Endkopf (Jaggl) - Cima T
2627 m
Elferspitze - Cima Undici
2926 m
Vallungspitz
2643 m
Platschwerdakopf
Maserölk
2477 m
St. Valentin auf der Haide - San Valentino alla Muta
m
2200
2100
2000
1900
1800
1700
1600
1500
1400
1300
km
5
10
15
20
25
30
35

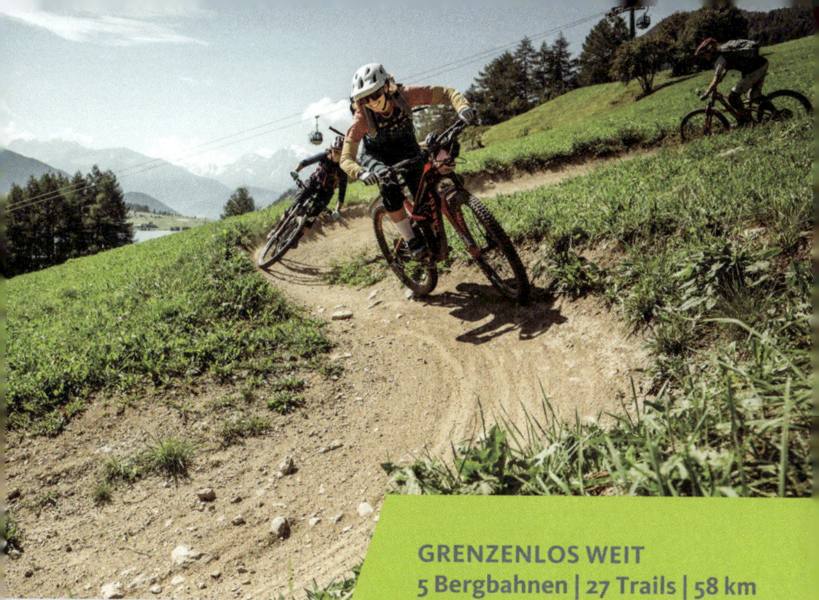

Biken
am Reschensee

GRENZENLOS WEIT
5 Bergbahnen | 27 Trails | 58 km
Naturbelassen, abwechslungsreich und anspruchsvoll. Das sind die 3-Länder Enduro Trails im Dreiländereck!

Die Ferienregion Reschenpass gilt als beliebtes Ziel für **Genussradfahrer, Mountainbiker und Endurobiker.** Eine der beliebtesten Strecken ist der rund 80 km lange Etschradweg entlang der Via Claudia Augusta. Anspruchsvollere Biketouren bis auf 2.600 m mit anschließender Einkehr oder gemütliche Radtouren für die ganze Familie rund um den Reschen- oder Haidersee sorgen für ein reichhaltiges Angebot und Spaß beim Biken für jedermann.

www.reschenpass.it | www.schoeneben.it

2 Sagenhafte Malettesböden mit Riesenschaukel

Von Schluderns über Glurns und Mals zu den Malettesböden mit Rückkehr über Muntetschinig und Matsch

Parkplätze am Zugbahnhof Schluderns

30,5 km

3:20 h

1100 m

1100 m

mittel

auf der Vinschger Straße (SS 40) bis zum Bahnhof Schluderns, auch mit der Vinschger Bahn erreichbar

Gleich mehrere kulturelle Höhepunkte begleiten diese Route: das Städtchen Glurns, die Churburg sowie die sagenhaften Malettesböden. Eine Riesenschaukel sorgt zudem unterhalb der sagenumwobenen Malettesböden für Unterhaltung.

Wegbeschreibung: Vom Bahnhof fährt man in nördliche Richtung, links von der Bar Time nutzt man die Unterführung der Bahngleise, danach links halten und bald weist das Radwegschild nach rechts. Vorbei an einem Speichersee erreicht man schließlich den Etschradweg, auf dem man rechts, Richtung Glurns fährt. Man gelangt direkt zum Stadttor und fährt auf der Hauptstraße (LS 85) durch den Ort bis zum nächsten Stadttor. Auf dieser Straße bleibend fährt man weiter nach Mals, überquert die Vinschger Straße und folgt stets der Bahnhofstraße, an Widum, Apotheke und Eissalon vorbei. Bei der nächsten Kreuzung rechts halten und dann links über die Dr.-Heinrich-Flora-Straße weiterfahren bis zur Dreifaltigkeitskirche. Kurz nach rechts (Planeil) und dann sofort abermals rechts und nun auf der ausgewiesenen Radtour „Easy Malettes Tour 05" auf einem

Blick zum Eingang ins Münstertal

Forstweg in angenehmer Steigung bergauf radeln bis zu den Malettesböden (Kreuz, Bildstock, Tisch). Ein Wiesenweg führt durch die Böden links hinab und dann geht es weiter auf einer ehemaligen, holprigen Militärstraße, vorbei an einer Riesenschaukel und einer Aussichtsplattform. Teilweise auch auf gepflastertem Untergrund radelt man weiter bis Muntetschinig. Nun bleibt man auf der asphaltierten Landesstraße (LS 105), fährt auf dieser bis Matsch, durch dessen Ortszentrum hindurch und weiter Richtung Glieshöfe. Am Dorfende ist eine Kapelle. Hier rechts hinab, dann beim kleinen Fußballplatz links abbiegen (App. Aviunshof) und weiter abwärts bis zum Talboden. Hier rechts abbiegen und immer noch auf Asphalt talauswärts radeln bis zum Schlosshof unter der Ruine Matsch. Unter dem Hof beginnt ein Forstweg, dem man nun folgt (an zwei Stellen steil bergab und nochmals kurz steil bergauf), bis man den nächsten Hof (Lochhof) erreicht. Ab hier auf der Zufahrtsstraße weiter, bei der nächsten Weggabelung rechts hinab und nun stets bergab Richtung Churburg fahren. Dort erwartet einen noch eine letzte Pflasterhoppelei und schon ist man in Schluderns, wo man wieder Richtung Bahnhof fährt.

Schluderns von oben

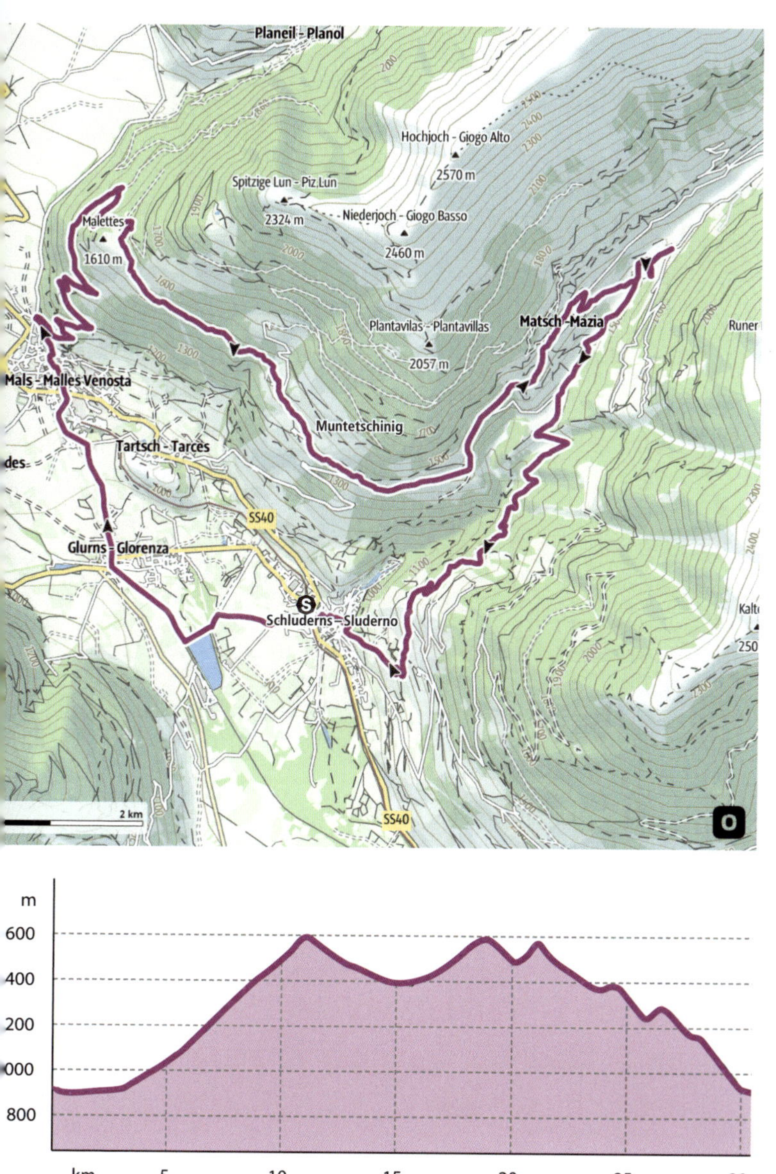

Planeil - Planol
Hochjoch - Giogo Alto
2570 m
Spitzige Lun - Piz Lun
2324 m
Niederjoch - Giogo Basso
2460 m
Malettes
1610 m
Plantavilas - Plantavillas
2057 m
Matsch - Mazia
Runer
Mals - Malles Venosta
Muntetschinig
Tartsch - Tarces
Glurns - Glorenza
SS40
Schluderns - Sluderno
Kalt
250
2 km
O
m
600
400
200
000
800
km
5
10
15
20
25
30

3 Gipfelschau im mittleren Vinschgau

„Von Schlanders auf dem Etsch-Radweg bis Schluderns und über Tanas und Allitz nach Kortsch“

Parkplatz am Bahnhof von Schlanders

45,4 km

4:00 h

923 m

923 m

leicht

auf der SS 38 bis Schlanders, der Bahnhof ist zwischen Schlanders und Kortsch

Die Krönung dieser Runde ist die überaus beeindruckende Aussicht, welche man zwischen Gschneir und Allitz am Vinschger Sonnenberg genießt. Eine grandiose Gipfelschau begleitet uns, aber auch der Blick auf den Talboden. Besonders empfehlenswert ist diese Radtour im Spätherbst, die vielen Lärchen garantieren üppigen Farbgenuss.

Wegbeschreibung: Am Bahnhof folgt man dem Radweg, unterquert die Bahngleise und gelangt auf die Göflaner Straße. Auf dieser rechts in den Ort hinein und hinab zur Etsch radeln, diese überqueren und schon ist man auf dem Etsch-Radweg. Diesem folgt man nun erstmal Richtung Laas, zuerst auf Asphalt und im Bereich des Stilfserjoch-Nationalparkes auf Schotter. In Laas geht es laut Beschilderung Richtung Reschen weiter. Vorsicht, bei den letzten Häusern nicht die Abzweigung zum Radweg an der Etsch übersehen (nach rechts). Bei der Eyrser-Brücke hält man sich links, Richtung Tschengls. Der Etsch-Radweg führt am Fuß des Berges entlang nach Prad und, weiterhin konsequent der

Auf der Fahrt Richtung Tanas

Beschilderung (Richtung Reschen) folgend, in die Prader Sand. Danach geht die Fahrt weiter nach Schluderns; man überquert die erste Brücke, an der die Beschilderung nach Schluderns weist, und folgt der Straße Richtung Dorf. Man kommt an einer Holzbrücke vorbei und unterquert rechts die Bahngleise und Reschenstraße; danach fährt man über die Kugelgasse zum Rathausplatz und weiter Richtung Vintschger Museum. Von dort gelangt man über die Meraner Straße rechts hinab bis zur Abzweigung der Straße, die links hinauf nach Gschneir und Tanas führt. Auf dieser geht es erstmal aufwärts und nun schwebt man stets der Fahrstraße nach Tanas folgend (Achtung, nicht hinab zur Peterskirche fahren!), mit Sicht auf Tal und Bergspitzen, flach dahin und dann Richtung Allitz hinab. Oberhalb von Allitz biegt man beim Moritzkirchlein links ab und fährt über ein schmales Sträßlein hinab in den Ort. An der Feuerwehrhalle und einer Hofkapelle vorbei geht es hinunter nach Kortsch. Durch das Dorf hindurch, stets in die gleiche Richtung, erreicht man den Kreisverkehr an der Reschenstraße; diese überqueren und dann gelangt man rechts haltend über den Protzenweg direkt zum Ausgangspunkt.

TIPP

Besonders empfehlenswert ist ein Abstecher zum Fischersee im Prader Sand. Hübsche Seen, Rastplätze und eine Einkehrmöglichkeit laden zum Bleiben ein.

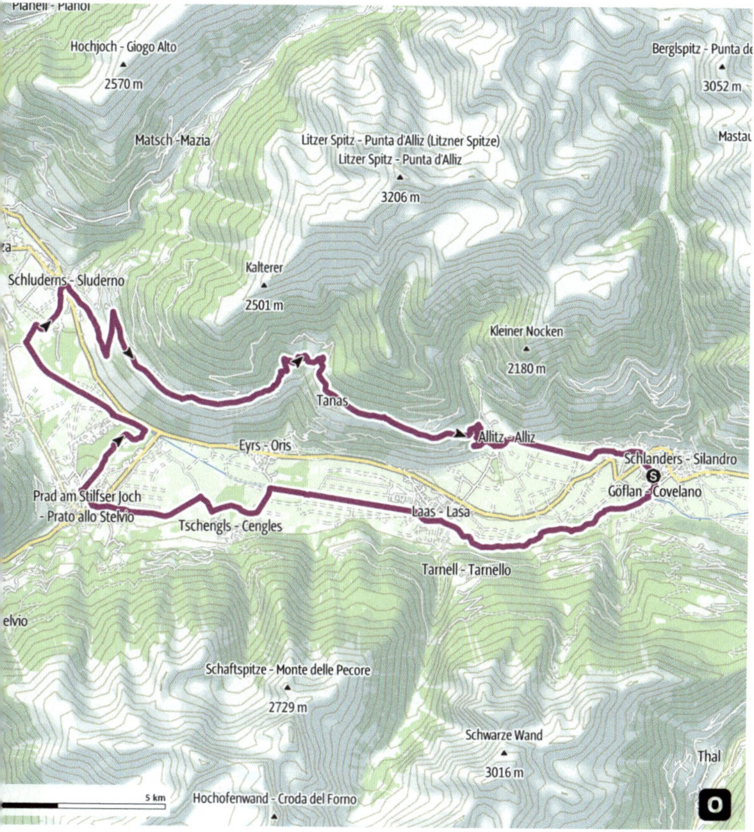

Pianeil - Pianoi
Hochjoch - Giogo Alto
2570 m
Berglspitz - Punta de
3052 m
Matsch - Mazia
Litzer Spitz - Punta d'Alliz (Litzner Spitze)
Litzer Spitz - Punta d'Alliz
3206 m
Mastau
Kalterer
2501 m
Schluderns - Sluderno
Kleiner Nocken
2180 m
Tanas
Allitz - Alliz
Eyrs - Oris
Schlanders - Silandro
Göflan - Covelano
Prad am Stilfser Joch
- Prato allo Stelvio
Tschengls - Cengles
Laas - Lasa
Tarnell - Tarnello
elvio
Schaftspitze - Monte delle Pecore
2729 m
Schwarze Wand
3016 m
Thal
5 km
Hochofenwand - Croda del Forno
O

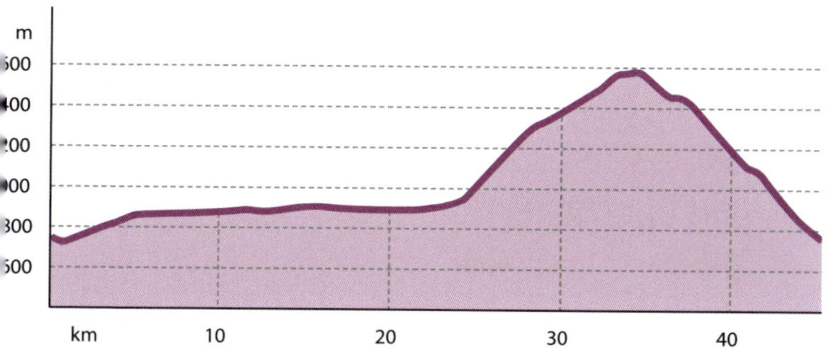
m
km
10
20
30
40

4 Aschbacher Panoramatour

»Von Töll über Aschbach zur Zetnalm und über Naturns und dem Etschradweg wieder zurück«

Parkplatz nach der Etschbrücke bei Töll

41,0 km

4:00 h

1435 m

1435 m

mittel

auf der SS 38 bis Töll, die Etschbrücke (gegenüber Einfahrt nach Partschins) überqueren

Ein Höhepunkt dieser Tour ist der Algunder Ortsteil Aschbach. Der Weiler (1360 m) ist sehr aussichtsreich und wird von der Landwirtschaft geprägt. Man wird nach rund 12 Kilometer Auffahrt mit dem Rad vom hübschen Kirchlein Maria im Schnee begrüßt. Wer es bequemer oder batteriesparender haben will, kann Aschbach auch mit der Seilbahn erreichen. Bereits bei der Auffahrt wird man immer wieder durch die herrliche Aussicht auf den Vinschgau zum Innehalten aufgefordert. Es geht dann weiter Richtung Vigiljoch. Diese Tour konzentriert sich schließlich auf einen ausgewiesenen Mountainbikeweg, die sogenannte Bike-Highline-Meran. Ein Teil davon wird befahren, bevor man vor der langen Abfahrt nach Naturns noch einen Abstecher zur Zetnalm unternimmt.

Wegbeschreibung: Vom Parkplatz fährt man in nordöstliche Richtung (Aschbach, Quadrathöfe) anfangs recht stramm bergauf. Man erreicht die Abzweigung nach Aschbach (9 km) und folgt dieser bis zur Bergstation der Seilbahn im gleichnamigen Dorf. Von dort führt die Tour auf dem „Forstweg

Fahrt nach Aschbach mit herrlichem Blick auf den Vinschgau

Vigiljoch" kurz in die gleiche Richtung weiter und dann rechts in Serpentinen bergauf. Über diese angenehm zu befahrende Forststraße erreicht man unterhalb des Vigiljoches die Abzweigung der Bike-Highline-Meran, die rechts abgeht. Man folgt dieser unschwierigen Auf- und Abfahrt bis zur Abzweigung Richtung Zetnalm, die links hinaufführt. Inzwischen ist auch einmal eine etwas holprige Verbindungsstrecke zu bewältigen. Nach einem kurzen Aufstieg erreicht man die aussichtsreiche Zetnalm und kehrt nachher wieder zur Abzweigung zurück und fährt auf der „Highline Meran" weiter bis zum Parkplatz Kreuzbrünnl. Ab hier folgt die lange Abfahrt nach Naturns. Die erste Hälfte wird noch auf einer Forststraße zurückgelegt, die dann in eine Asphaltstraße übergeht. Stets bergab, alle Abzweigungen missachtend, die zu den Höfen führen, erreicht man schließlich den Talboden bei Naturns. Die Bahngleise und der Fluss Etsch werden überquert und schon führt rechts der Etschradweg wieder zum Ausgangspunkt zurück.

Das Kirchlein St. Maria im Schnee in Aschbach

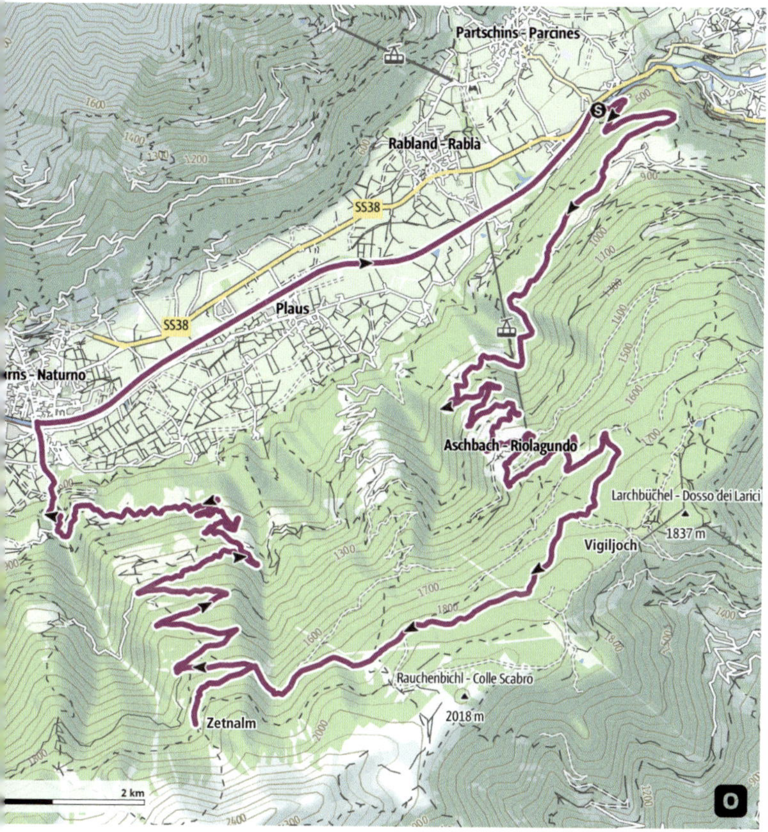

Partschins - Parcines
Rabland - Rablà
SS38
Plaus
rns - Naturno
Aschbach - Riolagundo
Larchbüchel - Dosso dei Larici
1837 m
Vigiljoch
Rauchenbichl - Colle Scabro
2018 m
Zetnalm
2 km
O

m
2000
500
000
500
km
5
10
15
20
25
30
35
40

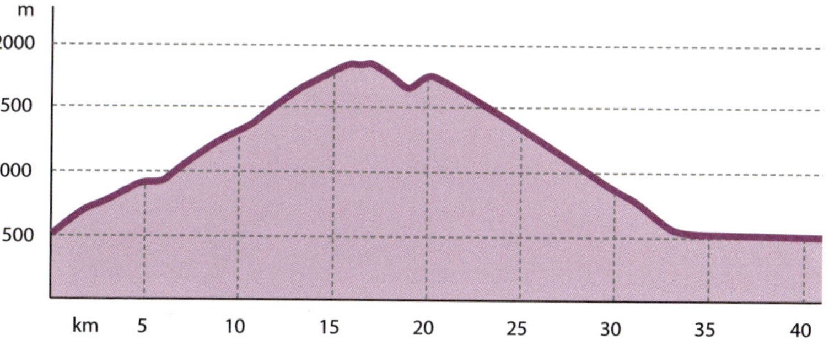

Zum
Kennenlernen
im Tirolerhof
Algund

5 Passeirer Radltour

„Von Kuens auf dem Passer-Radweg bis St. Martin, hinauf zu den Weilern Christl und Breiteben und über St. Leonhard zurück zum Ausgangspunkt"

Großer Parkplatz am Fußballplatz von Riffian

40,2 km

leicht

4:00 h

auf der SS 44 bis Kuens, nach dem Ort führt rechts die „Braiterweg"-Straße steil zum Parkplatz beim Fußballplatz hinab

809 m

809 m

Der Ursprung der Passer liegt am Timmelsjoch und sie mündet bei Meran in die Etsch. Sie nimmt in ihrem Verlauf viele Nebenbäche auf und sorgte bei Meran in früheren Zeiten auch öfters durch Überschwemmungen für erhebliche Schäden. Schließlich wurde sie begradigt. Heute kann sie für abenteuerliche Sportarten wie Rafting, Canyoning oder Kanufahrten genutzt werden. Wir aber bleiben lieber an Land und bewegen uns auf dem landschaftlich sehr schönen Radweg entlang des Flusses, der in rund 20 Kilometern von Meran bis St. Leonhard führt. Dazu wird noch ein Abstecher in höhere Gefilde eingelegt, in den Weiler Christl, der hoch oberhalb von St. Leonhard liegt, genau da, wo sich das Passeiertal dann in westliche Richtung dreht. Man kann in dieser sonnenverwöhnten Gegend einen prächtigen Ausblick auf das Tal und die begleitenden Bergspitzen und -weiler genießen. Ein weiterer Weiler am Weg ist Breiteben mit seiner hübschen Magnuskapelle. Dem Hauptort des Tales, St. Leonhard, kann man freilich auch noch einen Besuch abstatten.

Auf dem Passer-Radweg mit Blick auf die Gipfel Fleckner und Saxner

Wegbeschreibung: Gleich neben dem Fußballplatz beginnt der Passer-Radweg. Er verläuft zum größten Teil auf einem Schotterweg schön flach am Fluss dahin, den man auch immer wieder mal überquert. Man folgt diesem Weg bis zur Handwerkerzone nach dem Zentrum von St. Martin. Dort wird die Passer dann links überquert, man fährt ein kurzes Stück auf der Staatsstraße nach rechts und biegt im Bereich der Käserei links ab in die Flon-Matatz-Straße. Die Straße schraubt sich bergauf, am Gasthaus Jaufenblick vorbei, bis zum Lockngeierhof und dann abwärts nach Christl, einem kleinen Weiler. Von dort folgt man der Beschilderung zum Weiler Breiteben und radelt dann rechts hinab nach St. Leonhard. Beim Kreisverkehr die vorletzte Ausfahrt Richtung Dorfzentrum nehmen und weiterradeln bis die Kohlstattstraße rechts abzweigt. Nun gelangt man wieder auf den Passer-Radweg und kehrt auf diesem zum Ausgangspunkt zurück.

Der Weiler Christl

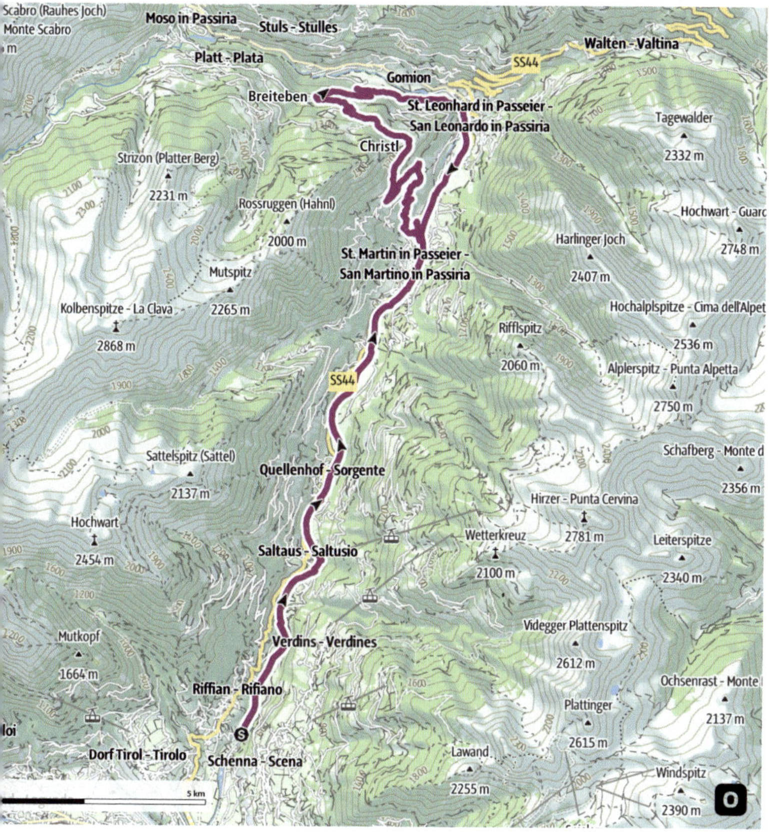

Scabro (Rauhes Joch)
Monte Scabro
Moso in Passiria
Stuls - Stulles
Platt - Plata
Walten - Valtina
SS44
Gomion
Breiteben
St. Leonhard in Passeier - San Leonardo in Passiria
Tagewalder
2332 m
Christl
Strizon (Platter Berg)
2231 m
Rossruggen (Hahnl)
2000 m
Hochwart - Guarc
2748 m
Harlinger Joch
2407 m
St. Martin in Passeier - San Martino in Passiria
Mutspitz
2265 m
Kolbenspitze - La Clava
2868 m
Hochalplspitze - Cima dell'Alpet
2536 m
Rifflspitz
2060 m
Alplerspitz - Punta Alpetta
2750 m
SS44
Schafberg - Monte d
2356 m
Sattelspitz (Sattel)
2137 m
Quellenhof - Sorgente
Hirzer - Punta Cervina
2781 m
Hochwart
2454 m
Wetterkreuz
2100 m
Leiterspitze
2340 m
Saltaus - Saltusio
Videgger Plattenspitz
2612 m
Mutkopf
1664 m
Verdins - Verdines
Riffian - Rifiano
Ochsenrast - Monte
2137 m
Plattinger
2615 m
Dorf Tirol - Tirolo
Schenna - Scena
Lawand
2255 m
Windspitz
2390 m
5 km
O

m
1200
1000
800
600
400
200
km
5
10
15
20
25
30
35
40

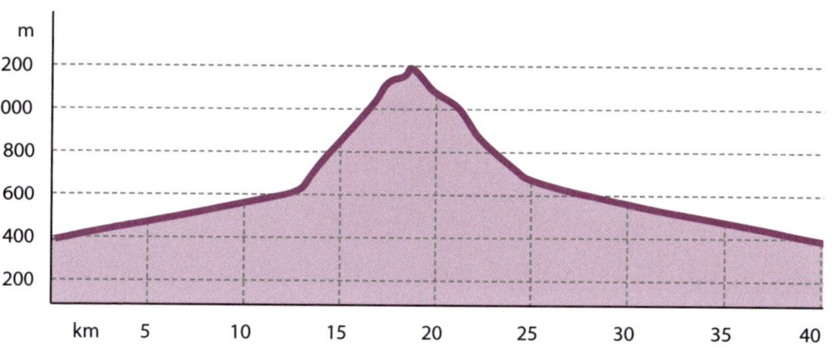

6 Ultner Hüttenrunde

„Von der Talstation der Kabinenbahn Schwemmalm zur Kuppelwieser Alm und wieder retour bis zum Hotel Weiberhimmel, mit Rückkehr über St. Moritz und St. Nikolaus“

Parkplatz der Kabinenbahn Schwemmalm bei Kuppelwies

26,3 km

 3:00 h

 954 m

954 m

 mittel

 von Lana ins Ultental bis zur Talstation der Schwemmalm-Kabinenbahn

Einen besonderen Eindruck hinterlässt das Gebiet rund um die Jausenstation Steinrast. Eine Lichtung mit lieblichen Lärchenwiesen und einem Bächlein, welches munter dahinmäandert und der fast furchteinflößende Blick auf die Staumauer des Arkarsees hoch über dem Tal. Ein weiterer Lichtblick ist der Weiler St. Moritz mit seiner sehenswerten gotischen Hügelkirche und deren Fresken. Die in der typischen Holzbauweise erhaltenen Bauernhöfe und die herrliche Aussicht laden zum Rasten ein. Die Bauernhöfe in der bereits erwähnten typischen Holzbauweise begegnen uns auf dem Höfeweg abermals. Immer wieder lädt der Verlauf dieser Radtour zum Innehalten ein, um zum Beispiel den Blick auf die Bergwelt oder auf einen weiteren Stausee im Tal unten zu genießen, den Zogglersee.

Wegbeschreibung: Vom Parkplatz fährt man an der Talstraße entlang Richtung Stausee und zweigt bald links ab Richtung Schwemmalm. Auf der asphaltierten Straße geht es bergauf, vorbei am Hotel Weiberhimmel und der Jausenstation

Blick von St. Moritz auf den Zoggler-Stausee

Steinrast bis zur Kuppelwieser Alm. Von da kann man noch weiterfahren bis zum Arzkar-Stausee. Die Schotterstraße dorthin ist schön breit, aber der Belag ist teilweise ziemlich steinig und ruppig. Danach kehrt man auf der gleichen Straße zurück zum Hotel Weiberhimmel, dort hält man sich jetzt rechts und fährt oberhalb des Hotels weiter, kurz steil über eine Skipiste hinauf bis zum Weiler St. Moritz. Nun geht es wieder auf Asphalt weiter, vorbei an typischen Ultner Bauernhöfen, man unterquert die Kabinenbahn Schwemmalm, kommt an mehreren Abzweigungen vorbei (z. B. Richtung Steinberg und Schwienhöfe) und radelt stets weiter Richtung St. Nikolaus hinab. Beim Vereinshaus links in den Höfeweg einbiegen und auf diesem fährt man nun talauswärts, zuerst auf einer Straße und dann auf einem Wanderweg. Wer sich auf diesem etwas engeren und teilweise ruppigen Wanderweg nicht wohlfühlt, hat mehrere Möglichkeiten auf die nahe Talstraße hinabzuwechseln und dort zum Ausgangspunkt zurückzukehren.

Blick auf die Arzkar-Staumauer und das schneebedeckte Hasenohr

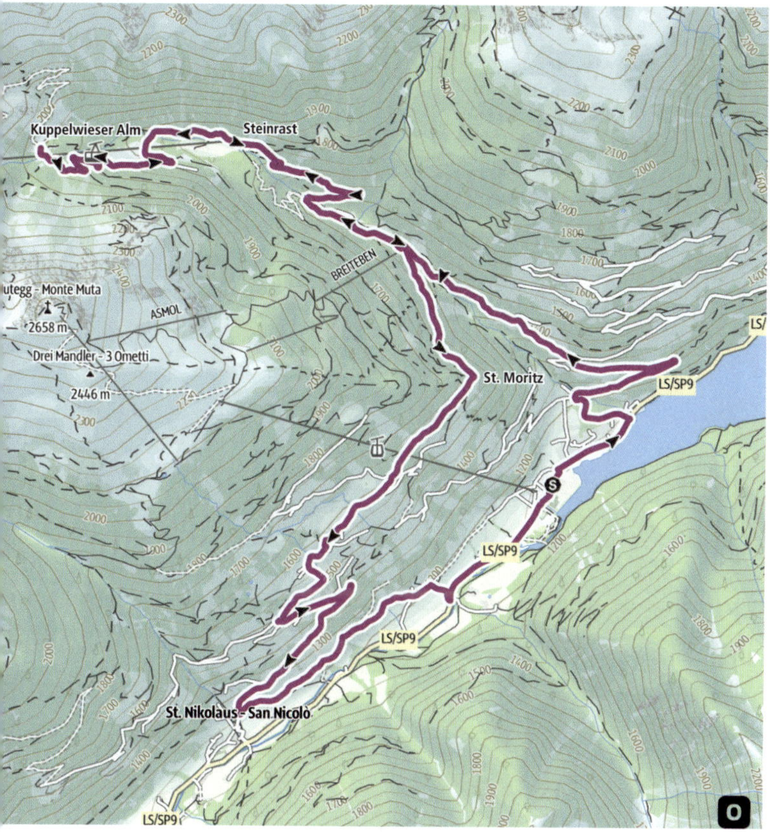

Kuppelwieser Alm
Steinrast
BREITEBEN
ASMOL
utegg - Monte Muta
2658 m
Drei Mandler - 3 Ometti
2446 m
St. Moritz
LS/SP9
LS/SP9
LS/SP9
LS/SP9
St. Nikolaus - San Nicolò
O

m
2000
1800
1600
1400
1200
1000
km
5
10
15
20
25

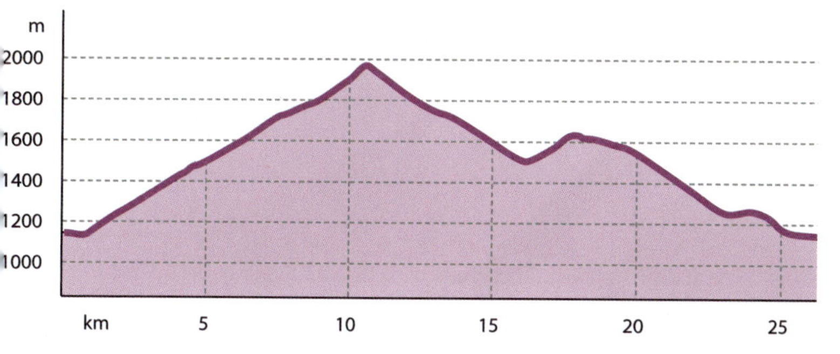

Haflingerpferde am Salten

7 Abwechslungsreiche Saltenrunde

❝ Von der Bushaltestelle Lintnermoos in Jenesien Richtung Afing, weiter nach Flaas und über Langfenn und den Sagenweg nach Jenesien hinab ❞

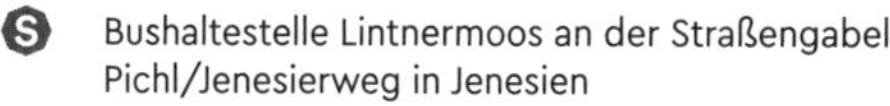

Bushaltestelle Lintnermoos an der Straßengabel Pichl/Jenesierweg in Jenesien

29,0 km

3:25 h

1007 m

1007 m

mittel

auf der LS 99 Richtung Jenesien, durch die Botengasse und Dorfstraße zur Bushaltestelle Lintnermoos

Die Runde ist sehr abwechslungsreich: vom Blick in das Tal der Talfer mit dem Schloss Rafenstein über die Höfe oberhalb vom Afinger Bach bis nach Flaas, dem beschaulichen, aussichtsreichen Ortsteil von Jenesien. Aber damit ist noch nicht fertig: Die herrlich gelegene Kirche St. Jakob auf Langfenn, ein geschätztes Ausflugsziel und schließlich die herrlichen Lärchenwiesen des Saltens mit dem nett gestalteten Sagenweg runden diese Tour zu einer wahren Perlenkette ab.

Wegbeschreibung: Vom Parkplatz an der Bushaltestelle Lintnermoos fährt man über den Jenesier Weg bergab zur Landesstraße nach Jenesien. Linkshaltend kommt man zur Abzweigung der Straße nach Afing. Dieser folgt man nun bis zu einer großen Rechtskurve, bald danach biegt man bei einer Bushaltestelle links in die Thalstraße ab. Nun radelt man auf dieser Höfestraße vorerst Richtung Burgerhof, an diesem vorbei geht die Fahrt weiterhin bergauf. Man

Auf der Langfenn, ein bekanntes und beliebtes Ausflugsziel

erreicht eine Kreuzung mit mehreren Straßen, fährt links abwärts Richtung Flaas, überquert auf der weiteren Fahrt zwei Brücken und kommt am Haus Hintersäge vorbei. An der nächsten Abzweigung wieder geradeaus weiter bis ins Zentrum von Flaas (Kirche). An der nächsten Straßengabelung folgt man der Beschilderung Mölten und erreicht den großen Parkplatz Schermoos. An der Bushaltestelle hält man sich links, also Richtung Süden und folgt der Forststraße Richtung Gasthof Langfenn und der Kirche St. Jakob hinauf. Auf dem Forstweg 1 geht es von dort abwärts und weiterhin auf dem schönen Forstweg 1 bzw. E5 (Sagenweg) bleibend, landet man schließlich neben dem Gasthof Edelweiß. Man radelt auf der Straße weiter, welche bald in die Straße nach Jenesien mündet. Auf dieser rechts hinabfahren und dann die nach links abgehende Dorfstraße nutzen. Dieser folgend gelangt man zum Ausgangspunkt.

Auf der Straße nach Afing mit Blick auf die Sarner Scharte

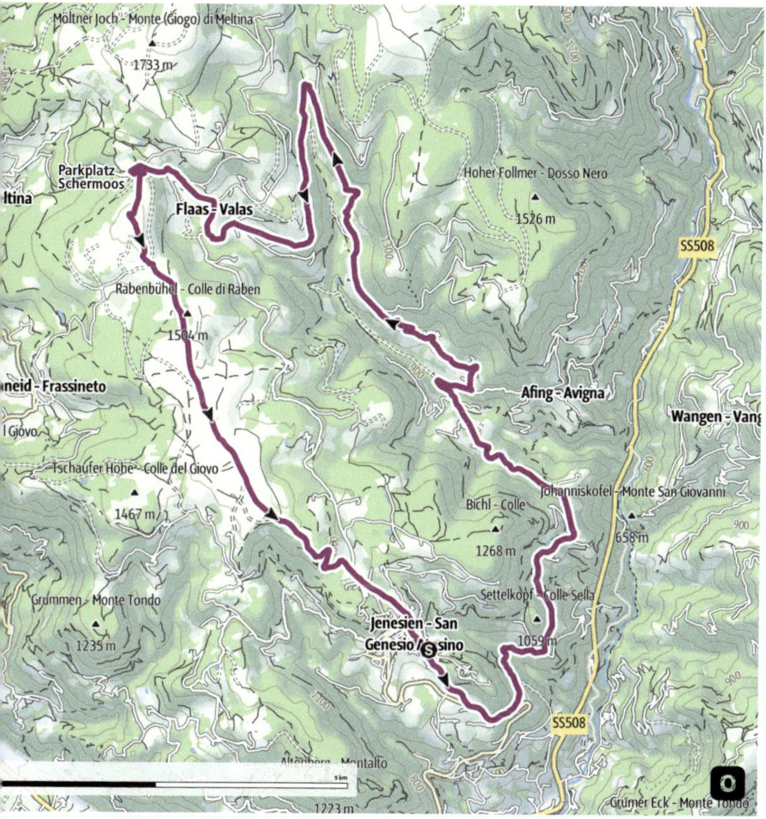

Möltner Joch - Monte (Giogo) di Meltina
1733 m
Parkplatz Schermoos
ltina
Flaas - Valas
Hoher Follmer - Dosso Nero
1526 m
SS508
Rabenbühel - Colle di Raben
1504 m
neid - Frassineto
Afing - Avigna
Wangen - Vang
l Giovo
Tschaufer Hohe - Colle del Giovo
1467 m
Johanniskofel - Monte San Giovanni
Bichl - Colle
1268 m
658 m
Settelkopf - Colle Sella
Grummen - Monte Tondo
1235 m
Jenesien - San Genesio
1059 m
SS508
Altenberg - Montalto
5 km
1223 m
Grumer Eck - Monte Tondo

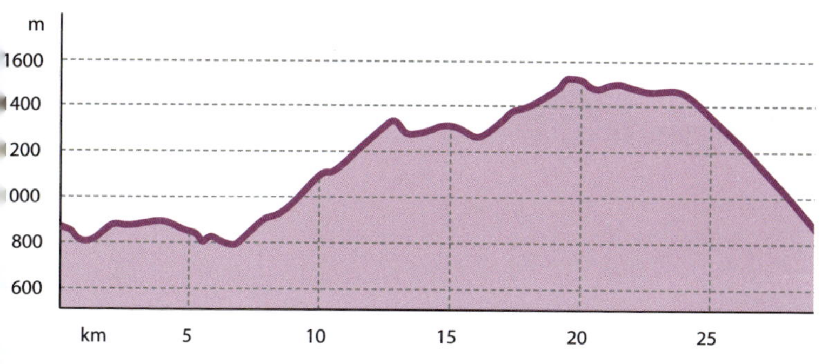

Auf dem Salten

LEITLKELLER

Wir sind ein beliebter Treff zum Törggelen, für Jahrgangsfeiern, Vereinsfeste usw. – mit echter, hausgemachter Bauernkost. Von der schönen Sonnenterrasse aus haben Sie einen herrlichen Blick zum Rosengarten. Ihre Kleinen können sich auf unserem Spielplatz austoben!

Leitlkeller
Fam. Eschgfäller
Sunnenberg 1
I-39050 Jenesien-Flaas

T +39 0471 340075
M +39 348 3941600

Ganzjährig geöffnet
Ruhetag: Dienstag

8 Genussvolle Seenrunde im Überetsch

»Auf dem Überetscher Radweg von Sigmundskron bis Eppan und über Girlan, den Montiggler Seen und den Kalterer See wieder retour«

Parkplatz beim Bahnhof Sigmundskron

38,8 km

 3:10 h

 531 m

531 m

 leicht

 auf der LS 18 bis Sigmundskron (Mendelhof) und dort zum Bahnhof abbiegen

Ein großer Teil der Radroute verläuft auf der Trasse der einstigen Überetscher Bahn, im Volksmund liebevoll das „Lepsbahnl" genannt. Einen Höhepunkt bilden die drei Seen, welche an der Strecke liegen.

Wegbeschreibung: Vom Bahnhof fährt man mit dem Rad wieder zurück auf die LS 18, biegt dort rechts ab, überquert Gleise und Etsch auf dem auf der linken Seite begleitenden Radweg. Nach der Etschbrücke geht dieser links ab und bald gelangt man auf den Radweg, der nach rechts Richtung Eppan und Kaltern führt. Auf diesem bleibend radelt man bis zum Gewerbegebiet bei Eppan. Gegenüber von der Maria-Rast-Kirche (und Reifen Christof) führt ein Sträßlein links durch die Obstwiesen hinauf, auf dem man nach Girlan gelangt. Dort links über die St.-Florian-Straße bis zur Kirche fahren, hier rechts vorbei und dann über die St.-Martin-Straße, welche in die Jesuheimstraße übergeht. Auf dieser radelt man am gleichnamigen Heim vorbei und folgt dem Schreckbichlweg. Man erreicht die Heilig-Kreuz-Kapelle

Blick auf den Kalterer See

und kommt schließlich nach dem Harrerhof auf einen Forstweg (Nr. 1), auf dem man geradeaus weiterfährt, vorbei an der Abzweigung zum Wilden-Mann-Bühel. Bei der nächsten Kreuzung folgt man der Beschilderung zum Kleinen Montiggler See (Nr. 2). Man kann diesen umrunden (wurzelige Wege, Fußgängern Vortritt lassen) oder nach einem Abstecher dorthin auf dem Forstweg bleiben. Auf diesem erreicht man auch den Großen Montiggler See. Immer in die gleiche Richtung weiter fährt man nun auf einer Asphaltstraße bis zum Gartenhotel Moser, dann nach links und wieder nach rechts in das Dorf Montiggl. Weiterhin auf derselben Straße radelt man an der Kirche links vorbei, bei der nächsten Wegkreuzung geradeaus und dann rechts hinab. Sobald man den Radweg zum Kalterer See erreicht, wird dieser auf dem Seerundweg im Uhrzeigersinn umrundet. Man kehrt auf der Radroute wieder zurück, bis man den Trainingsplatz des Pferdevereins erreicht (nicht mehr Richtung Montiggl abbiegen). Dort links hinauffahren und dann wieder rechts in den Radweg einfahren. Nun kann man stets auf dem ausgeschilderten Radweg bleibend zum Ausgangspunkt zurückkehren.

TIPP

Zum Verweilen und Einkehren laden auch die Weindörfer an der Strecke ein, z. B. Girlan, Montiggl. Lohnenswert ist auch ein Abstecher nach Kaltern.

San Maurizio - Moritzing
Bolzano - Bozen
Gantkofel - Macaion
1866 m
Missian - Missiano
Don Bosco
A22
Frangart - Frangarto
Monte di Dentro
1711 m
St. Pauls - San Paolo
Isarco - Eisack
Rotwand
1386 m
Girlan - Cornaiano
San Giacomo - St. Jakob
St. Michael - San Michele
Schreckbichl
Auchtenegg
1505 m
Monte Largaden
1734 m
Wilder-Mann-Bühel - Col dell'uomo
643 m
Pineta - Steinmannwald
Toval
1662 m
Kleiner Priol - Piccolo Priol
642 m
Montiggl
Laives - Leifers
Kaltern an der Weinstraße -
Caldaro sulla Strada del Vino
Vadena - Pfatten
Zwölferbühl - Dosso Dodici
661 m
Bronzolo - Branzoll
Glockenbühel - Monte Campana
1547 m
Nasbichl
1096 m
Göller Spitz
1091 m
Winkel
Aldein - Aldino
Roen
2116 m
Söll - Sella (Söll (Tramin))
SS12
5 km
Auer - Ora

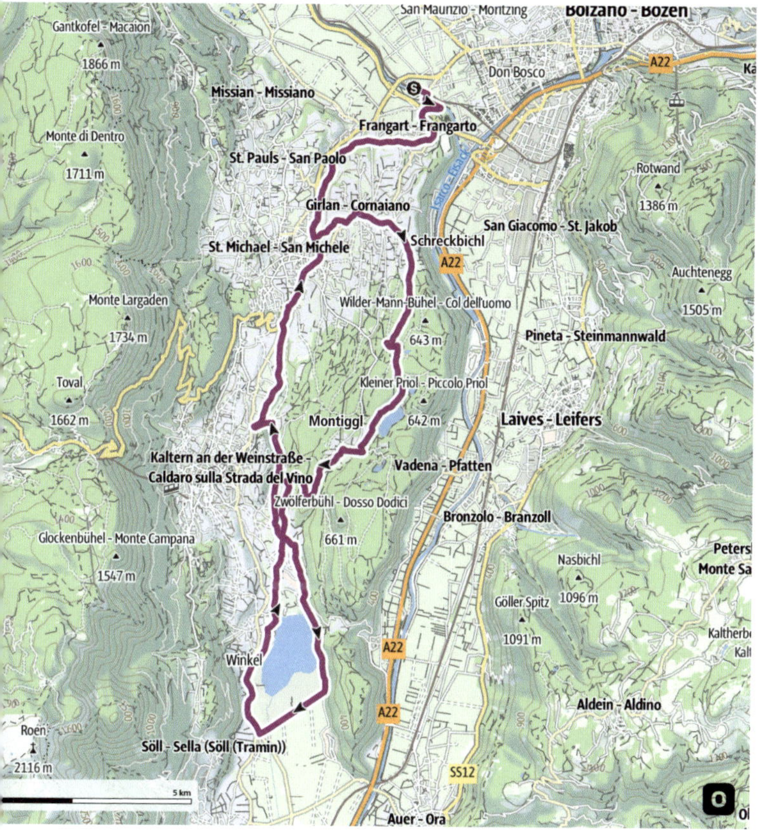

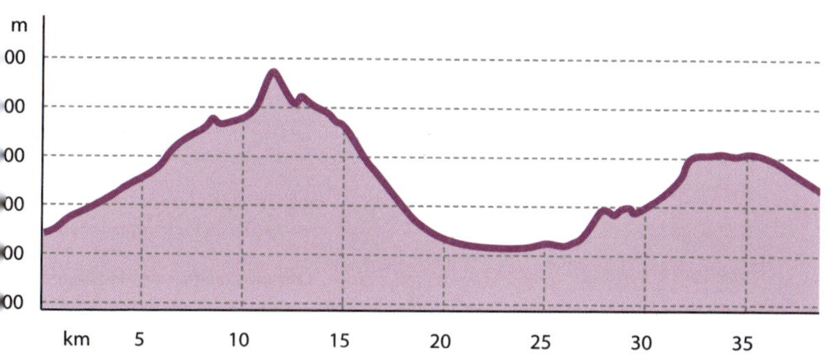

m
00
00
00
00
00
00
km
5
10
15
20
25
30
35

HOFBRENNEREI FISCHERHOF

Seit über 50 Jahren werden in unserer Hofbrennerei Fischerhof die „Trestern" der eigenen Weintrauben zu hochwertigen Grappas, sowie verschiedene wohlschmeckende Früchte zu erstklassigen prämierten Bränden oder Likören verarbeitet.
In unserem urigen Hofladen stehen Ihnen alle unsere Köstlichkeiten zur Verkostung und zum Verkauf bereit.

Führungen für Gruppen mit Voranmeldung jederzeit möglich!

Hofbrennerei
Fischerhof

Martin Mauracher
Schreckbichl 12
I-39057 Girlan/Eppan
T +39 0471 660627

info@fischerhof-mauracher.it
www.fischerhof-mauracher.it

Öffnungszeiten des Hofladens
Montag–Samstag
9–12 und 13–18 Uhr
Sonntag geschlossen

Der Hausherr, Keller- und Brennmeister weiht seine Gäste gerne in die Geheimnisse der Kunst des Destillierens ein.

9 Schlösser und Kirchen im Überetsch

"Von Kaltern nach Altenburg, weiter nach St. Anton, St. Nikolaus, Pigeno und über St. Michael und den Etsch-Radweg wieder retour"

Parkplatz bei der Kellerei von Kaltern

27,3 km

3:00 h

347 m

347 m

leicht

von Norden kommend auf der SS 42 und LS 14 (auch von Süden kommend) bis zur Kellerei Kaltern fahren

Dies ist eine Runde, welche eine Fülle von Eindrücken bietet. In Altenburg muss man den Blick auf den Kalterer See und die Ruinen der frühchristlichen Kirche St. Peter gesehen haben. Die kleinen Weinorte St. Anton, Pfuss, St. Nikolaus und Oberplanitzing geben Einblick in die typischen Überetscher Weindörfer. Wer die Eppaner Fraktion Berg nicht kennt, der wird sich verwundert die Augen reiben, ob der Vielfalt der Schlösser und Burgen, an denen man vorbeiradelt.

Wegbeschreibung: Vom Parkplatz fährt man Richtung Süden und bei der Kreuzung rechts auf der Bahnhofstraße und Andreas-Hofer-Straße Richtung Zentrum (Markplatz) weiter. Ab hier folgt man der Goldgasse und Europastraße bis zur Abzweigung der Altenburger Straße. Auf dieser geht es weiter bis zum gleichnamigen Ort, dort links abzweigen und zur Kirche weiterradeln. Links davon ist ein wunderbarer Aussichtsplatz – der Zugang ist nur für Fußgänger, also das Rad schieben. Dann kehrt man auf derselben Straße wieder zurück und zweigt nun bald nach der Sportzone links in die

Das Kirchlein St. Justina im letzten Sonnenlicht

Malgastraße ein. Dieser folgt man nun nach St. Anton, unterquert die Mendel-Standseilbahn, über die St.-Anton-Straße erreicht man die Pfussstraße und das Kirchlein von Pfuss. Weiter gehts auf der breiten Heppenheimer-Straße bis nach St. Nikolaus. Über den Vialweg rechts hinab kommt man zur Preystraße, welche links abzweigt. Auf dieser und dann auf dem Garnellenweg bis Oberplanitzing radeln und weiter zur Mendelstraße. Auf dieser kurz rechts hinab und dann links in die Andreas-Hofer-Straße einbiegen. Auf dieser bleibend kommt man zur Pigenoer-Straße, die links hinaufleitet und in den Schulthauser-Weg übergeht. Vorbei am Schloss Moos-Schulthaus erreicht man als nächstes Schloss Freudenstein. Man folgt dem Kreuzsteinweg, von dem man schließlich rechts hinab zum Kirchlein St. Justina radelt. Über die Justinastraße hinab gelangt man zum Aichweg, hier rechts ab und diesem sowie dem Krafußweg folgend bis ins Zentrum von St. Michael fahren, durch die Goldgasse, Johann-Georg-Plazer-Straße und über den Rathausplatz links hinab in die Bahnhofstraße. Auf dieser erreicht man einen Kreisverkehr und kehrt schließlich auf der anderen Seite auf dem Radweg zum Ausgangspunkt zurück.

TIPP

Der Kirche St. Vigil in Altenburg mit ihrem neugotischen Flügelaltar sollte man unbedingt einen Besuch abstatten.

1770 m
Frangart - Frangarto
St. Pauls - San Paolo
Girlan - Cornaiano
San Giacomo
St. Michael - San Michele
A22
Monte Largaden
1734 m
Wilder-Mann-Bühel - Col dell'uomo
643 m
Oberplanitzing
Toval
1662 m
Kleiner Priol - Piccolo Priol
642 m
Laives -
St. Nikolaus - San Nicolò
Kaltern an der Weinstraße -
Caldaro sulla Strada del Vino
Jobenbühel - Colle Joben
616 m
Vadena - Pfatten
St. Anton
Zwölferbühl - Dosso Dodici
661 m
Bronzolo - Branzoll
Glockenbühel - Monte Campana
1547 m
Göller Spitz
1091 m
Winkel
Altenburg
5 km
SS12
O

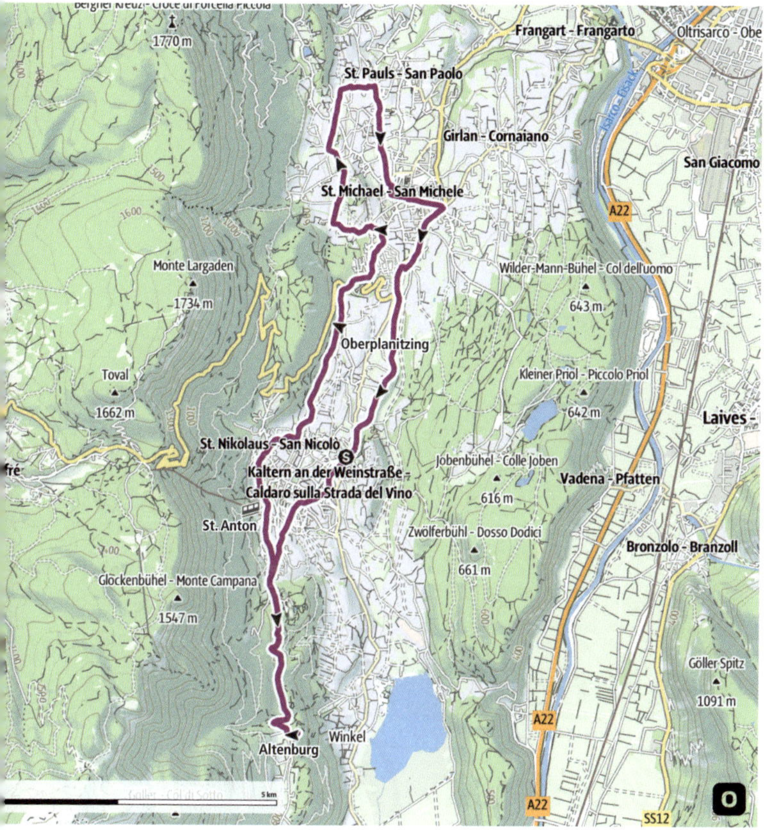

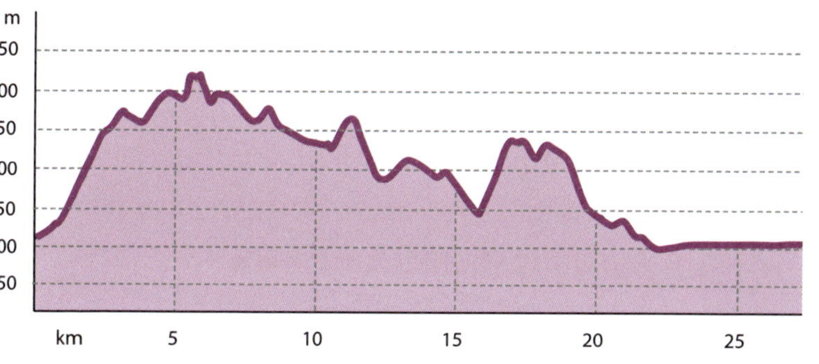

m
km
5
10
15
20
25

10 Zwischen Tramin und Fennberg

»Von Tramin nach Söll und Graun bis zum Fennberg und über Kurtatsch wieder zum Ausgangspunkt zurück«

Parkplatz am Beginn der Rechtentalstraße in Tramin

38,3 km

4:30 h

1248 m

1248 m

mittel

auf der Weinstraße bis kurz vor der Kellerei, über die Straße „In der Au" hinauf bis zum Parkplatz am Beginn der Rechtentalstraße

Eine Reihe von hübschen kleinen Orten begleiten den Verlauf dieser Tour. Da ist der sonnige Weiler Söll, der uns einen Blick zum Kalterer See gewährt. Dann erreicht man Graun. Auf einer Terrasse gelegen trifft man hier auf die Obergrenze der Weinrebe. Unterwegs zum Fennberg begegnet man dem Ansitz Fennhals mit der Annakapelle, ein hübsches Ensemble. Weiter geht es nach Oberfennberg mit seinem Jagdschloss Ulmburg und der Mariahilf-Kapelle. Schlussendlich erwartet einen noch der idyllische Fennberger See und die auf einem Hügel thronende Kirche St. Leonhard in Unterfennberg.

Wegbeschreibung: Vom Parkplatz fährt man hinauf nach Söll, vorbei an der Kirche und weiter aufwärts (Richtung Altenburg) bis zur Feuerwehrhalle. Dort hält man sich links und tritt dann steil über ein teilweise betoniertes Sträßlein hinauf, immer noch Richtung Altenburg. Sobald man die ersten Häuser sieht, zweigt nach links der Forstweg 4B ab, den man nun folgt. Er mündet schließlich in die Straße 4A, die sich von links heraufzieht. Fortan bleibt man auf Weg 4A, vorbei

Blick auf die Kirche St. Georg in Graun

an einem Parkplatz geht es weiter Richtung Zogglerwiese, an der Abzweigung zu dieser weiter auf Weg 4A aufwärtsradeln, nunmehr Richtung Graun. Man gelangt zum Lenzenhof und in den Ort Graun, den man durchquert, weiterhin auf der Hinterseggstraße bleibend. An der Straßengabelung nach Kurtatsch wendet man sich Richtung Fennberg. Auf dieser Straße gelangt man nach Oberfennberg mit seinem Jagdschloss Ulmburg und dann hinab nach Unterfennberg mit seinem See und der Hügelkirche. Man kehrt wieder auf derselben Straße zurück bis zur Abzweigung nach Kurtatsch und rollt nun auf teilweise sehr steiler Straße hinab in diesen Ort. Die Abzweigung der Penoner Straße lässt man rechts liegen und erreicht über die Andreas-Hofer-Straße Kurtatsch und über die Obergasse den Weg 8, auf dem man bis Rungg weiterradelt. Weiterhin den Weg 8 folgend, gelangt man neuerdings auf eine Andreas-Hofer-Straße und über diese als nächstes in die Julius-v.-Payer-Straße, die direkt ins Zentrum von Tramin leitet. Rechts an der Kirche vorbei radelt man nun auf der Hans-Feur-Straße bis zu deren Ende, wo sich der Ausgangspunkt der Tour befindet.

TIPP

Vor Oberfennberg trifft man in der Nähe der Straße auf Mammutbäume, welche Ende des 19. Jahrhunderts zu Ehren des Kaisers Franz Joseph gepflanzt wurden.

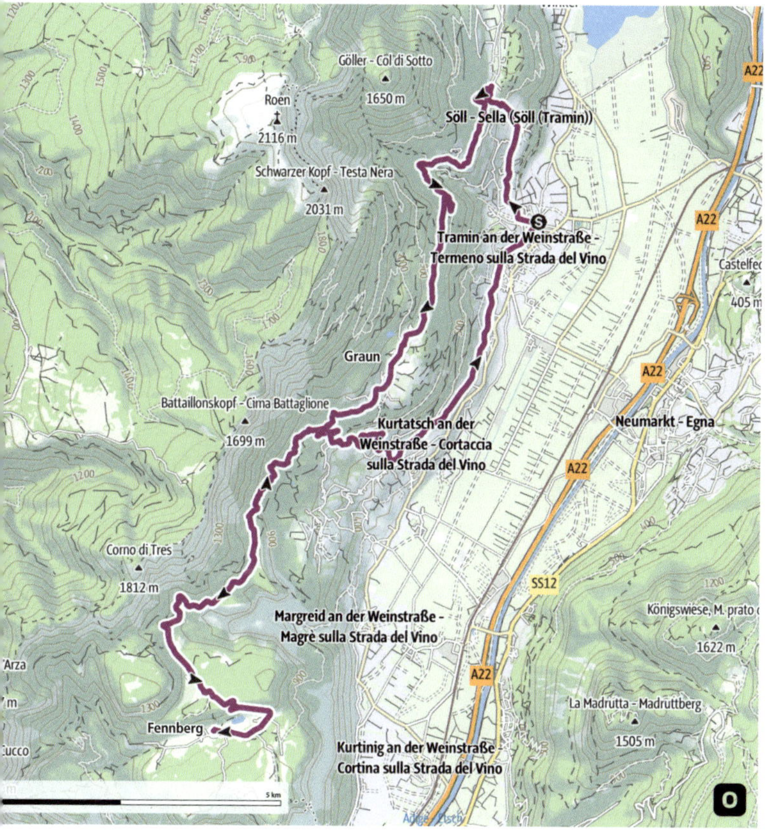

Göller - Col di Sotto
1650 m
Roen
2116 m
Schwarzer Kopf - Testa Nera
2031 m
Söll - Sella (Söll (Tramin))
Tramin an der Weinstraße - Termeno sulla Strada del Vino
405 m
A22
Graun
Battaillonskopf - Cima Battaglione
1699 m
Kurtatsch an der Weinstraße - Cortaccia sulla Strada del Vino
Neumarkt - Egna
Corno di Tres
1812 m
SS12
Margreid an der Weinstraße - Magrè sulla Strada del Vino
1622 m
La Madrutta - Madruttberg
1505 m
Fennberg
Kurtinig an der Weinstraße - Cortina sulla Strada del Vino
5 km
O

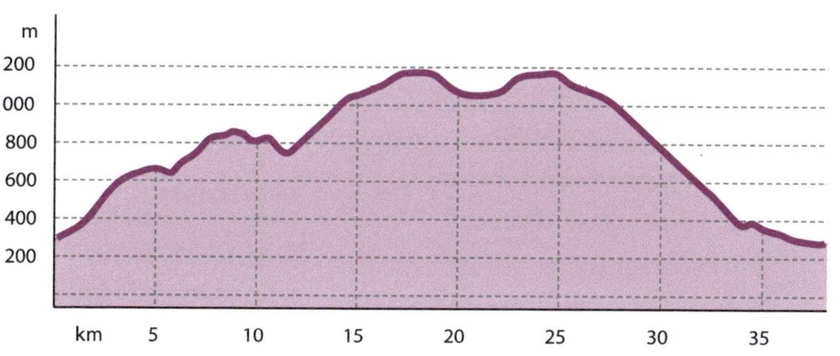

m
200
000
800
600
400
200
km
5
10
15
20
25
30
35

Ihr sonniges Plätzchen in Graun oberhalb von Kurtatsc

GASTHOF CAROLINE

Draußen auf der warmen Terrasse, im urigen Weinfass oder im sonnigen Speisesaal. Kehren Sie ein und genießen Sie hausgemachte Spezialitäten je nach Saison, von Knödel bis Tatar, dazu ein gutes Glas Weiß- oder Rotwein. Sie werden Ihren Berggasthaus-Tag genießen. Kinder können sich auf unserem Spielplatz austoben. Für Urlauber bieten wir im ersten und zweiten Stock aussichtsreiche Zimmer mit Frühstück an.

Gasthof Caroline
Indermauer-Straße 19
I-39040 Graun/Kurtatsch
T +39 0471 880212
info@gasthofcaroline.it
www.gasthofcaroline.it

Öffnungszeiten
Sommer: Ostern–Allerheiligen,
Ruhetage: So. ab 17 Uhr + Mo.
Winter: Allerheiligen–Ostern,
abends nur für Gruppen auf Vorbestellung
Ruhetage: Mo., Di., Mi.
Dezember geschlossen

Das Highlight bei Wanderern und Radfahrern ist unsere große Sonnenterrasse mit Weinberglaube.

Mit Kräutern und Gemüse frisch aus dem Garten

Wir legen großen Wert auf Saisonalität und Regionalität.

11 Auf den Spuren der ehemaligen Fleimstalbahn

❝ Auf der Trasse der ehemaligen Fleimstalbahn bis Montan und Kaltenbrunn, weiter über Truden nach Mühlen und Gschnon und zurück zum Ausgangspunkt ❞

Parkplatz beim Imbiss Castelfeder südlich von Auer

43,5 km

 3:55 h

 1027 m

 1027 m

 mittel

 über die Autobahn bis zur Ausfahrt Neumarkt – weiter auf der SS 12 bis zum Parkplatz beim Imbiss Castelfeder

Diese Route darf in keinem Rad-Tagebuch fehlen. 1917 wurde während des Ersten Weltkrieges der erste Bauabschnitt der Fleimstalbahn eröffnet, von Auer bis ins Fleimstal. 1963 wurde sie dann wieder eingestellt. Heute kann man auf dieser Bahntrasse über einen angenehmen Schotterweg bergauf radeln, begleitet von einer traumhaften Aussicht und allerhand Sehenswertem. Man radelt unterhalb des geschichtsträchtigen Hügels von Castelfeder vorbei und gelangt in die Heimat des Blauburgunders bei Pinzon und Montan. Ihm ist ein Themenweg gewidmet, einige Stationen befinden sich auf dem Radweg. Ein Blickfang sind Schloss Enn und die Höfegruppe Pausa. Im Weiler Gschnon wird man von herrlicher Aussicht und einem Kapuziner-Bergklösterchen erwartet.

Wegbeschreibung: Vom Parkplatz hält man sich Richtung Norden (Radroute Montan, San Lugano) und folgt der entsprechenden Beschilderung. Die Straße wird überquert, man fährt wieder in Richtung Süden und dann geht es auf der Trasse der einstigen Fleimstalbahn aufwärts, stets der entsprechenden

Pinzon von oben gesehen

Radweg-Beschilderung folgend. Man überquert schließlich die Montaner Straße, radelt weiter nach Pinzon und von dort wieder Richtung Montan. Vor dem Zentrum wendet sich der Radweg nach rechts, in einer großen Linkskurve führt der durchwegs geschotterte, aber sehr angenehm zu befahrende Radweg über einen alten Viadukt. Oberhalb von Schloss Enn vorbei gelangt man zu einer Weggabelung, an der man eventuell die Runde abkürzen kann, wenn man sich rechts hinaufwendet (Beschilderung „zum Bahnweg"). Man fährt durch Wald bis Kaltenbrunn, dort erreicht man die Straße nach Truden, der man nach rechts folgt. Am Ortseingang fährt man beim Kreisverkehr auf der Kajetan-Pacher-Straße weiter und an deren Ende hält man sich rechts hinab zur Raiffeisenkasse, zum Trudner Hof und fährt dann über die Straße „Alter Landweg" weiter Richtung Mühlen. Von dort unternimmt man einen Abstecher zum Weiler Gschnon, kehrt auf derselben Straße wieder zurück und radelt dann steil abwärts nach Glen. Man zweigt scharf links ab nach Unterglen, fährt weiter Richtung Planitzerhof und von dort kommt man wieder auf den bereits bekannten Radweg, auf dem man zum Ausgangspunkt zurückkehrt.

Castelfeder, ein uralter Kultplatz zwischen Neumarkt und Auer

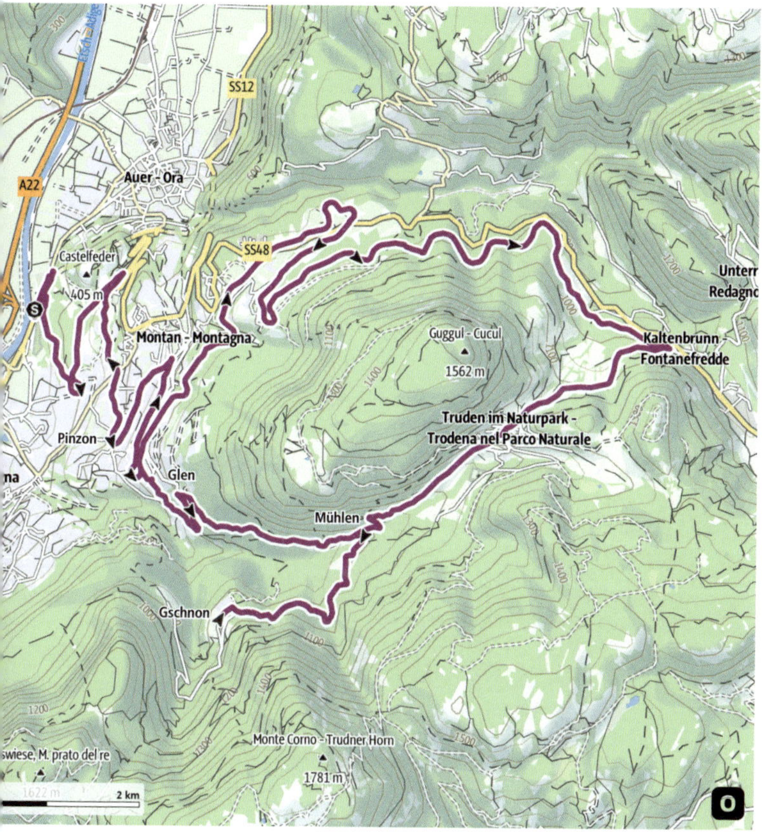

Etsch - Adige
300
A22
SS12
Auer - Ora
SS48
Castelfeder
405 m
Montan - Montagna
Guggul - Cucul
1562 m
Unterr
Redagno
Kaltenbrunn -
Fontanefredde
Truden im Naturpark -
Trodena nel Parco Naturale
Pinzon
Glen
Mühlen
Gschnon
Monte Corno - Trudner Horn
1781 m
swiese, M. prato del re
1622 m
2 km
O

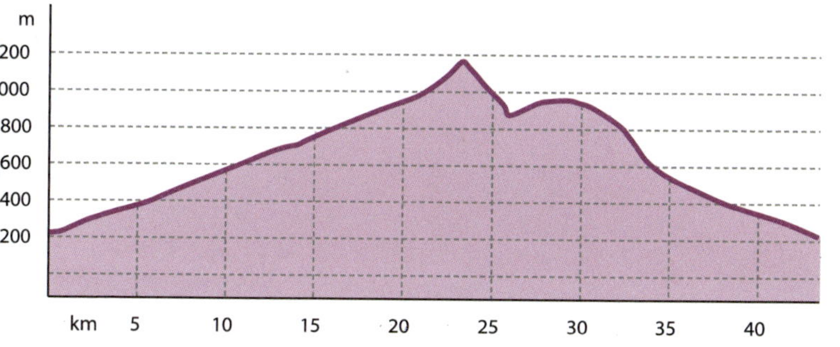

m
200
000
800
600
400
200
km
5
10
15
20
25
30
35
40

Das Unterland Richtung Salurner Klause
mit Blick auf die Vill bei Neumarkt

GASTHOF ZUR MÜHLE

Das familiengeführte Hotel „Zur Mühle" befindet sich im Herzen des Unterlandes und es liegt vom Ortskern nur einen Katzensprung entfernt. Genießen Sie in unserem Restaurant oder auf der Terrasse eine schmackhafte Pizza oder für den anspruchsvolleren Gaumen alle Köstlichkeiten der orientalischen Sushi-Küche. Unsere kleinen Gäste können sich auf dem großen Spielplatz austoben.
Für Ihre Elektrofahrräder haben wir eine Aufladestation.

Hilbweg 4
I-39040 Auer

M +39 353 4432298
info@zur-muhle.com
www.zur-muhle.com

Ganzjährig geöffnet

12 Wasser und Berge am Ritten

❝ Von den Rittner Erdpyramiden über Maria Saal zum Biotop Lodenmoor und der Kircher Lacke und über Pemmern und Roßwagen zum Unterhornhaus ❞

Einige Parkplätze südlich der Erdpyramiden von Lengmoos

32,4 km

3:55 h

1177 m

1177 m

mittel

von Bozen auf der LS 73 bis kurz nach dem Zentrum von Lengmoos, wo sich der Parkplatz für den Besuch der Erdpyramiden befindet

Diese Runde führt an gar einigen Sehenswürdigkeiten vorbei. Die Erdpyramiden bei Lengmoos sind ein besonderer Anziehungspunkt auf dem Ritten. Wer deren Besuch mit einschließen möchte, muss das Rad allerdings schieben. Also begnügt man sich mit der Betrachtung von der Straße aus und erreicht alsbald den Wallfahrtsort Maria Saal, wo oft um Regen gebetet wurde. Ein Heilbad liegt auch am Weg: Bad Sieß. Dessen Heilwasser, welches 20 Minuten Gehzeit oberhalb vom Bad entspringt, ist wegen des geringen Gehaltes an Mineralsalzen dünnflüssig und süßlich. Dieser Umstand ist der Ursprung des Namens. Das Biotop Lodenmoor und die Kircher Lacke sind wiederum Naturschönheiten, die auch einen Besuch wert sind. Zudem wird noch eine Almfahrt eingeschlossen, welche ein beeindruckendes Panorama auf die Dolomiten verspricht.

Wegbeschreibung: Vom Parkplatz in der Nähe der Erdpyramiden fährt man auf der LS 73 Richtung Erdpyramiden und Maria Saal. Vor der Wallfahrtskirche geht linkerhand die Straße zum Bad Sieß ab. Man folgt dieser bis zum genannten

Die berühmten Erdpyramiden am Rittner Hochplateau

Gasthof, an diesem vorbei geht es auf einem Forstweg geradeaus weiter, bis man die Forststraße 27 kreuzt. Auf dieser breiten, angenehmen Straße radelt man nun nach rechts, abwechselnd flach und in leichtem Aufstieg bis zum Biotop Lodenmoor. An diesem vorbei erreicht man bald Weg 27A, der rechts abgeht und nach kurzer Zeit links zur Kircher Lacke führt, einem idyllischen Waldsee. Nun kehrt man auf dem Hinweg zurück bis zur bekannten Kreuzung (Richtung Bad Sieß), fährt aber weiter Richtung Hotel Tann und an diesem vorbei weiter bis zur Talstation der Rittner-Horn-Bahn bei Pemmern. Man folgt jetzt der Straße Richtung Gissmann hinauf. Man entdeckt links von der Straße ein Staubecken und bald danach auf dem sogenannten Roßwagen die Abzweigung zum Grünwalderhof, die rechts in den Wald hineinführt. Dieser folgend erreicht man bald eine weitere Abzweigung, welche rechts zum Rittner Horn hinaufleitet. Auf diesem Forstweg fährt man teilweise ziemlich steil aufwärts bis zum Unterhornhaus und der Feltunerhütte. Nach der Einkehr radelt man auf demselben Weg wieder abwärts zum Roßwagen, nach Pemmern und über Bad Sieß zum Ausgangspunkt zurück.

TIPP

Vom Unterhornhaus bzw. der Feltunerhütte kann man natürlich auch noch das Rittner oder Obere Horn mit seiner herrlichen Aussicht erradeln.

Nöck - Colle della Madonnina
1924 m
nn - Madonnina
Schwarzseespitze - Cima Lago Nero
2070 m
te Sommo
Biotop Loden
una di Sopra
Maria Saal
Lengstein - Longostagno
Lengmoos
Klobenstein - Collalbo
rahl - Monte Castrale
Gebrack
Saubach
SS12
2 km
O

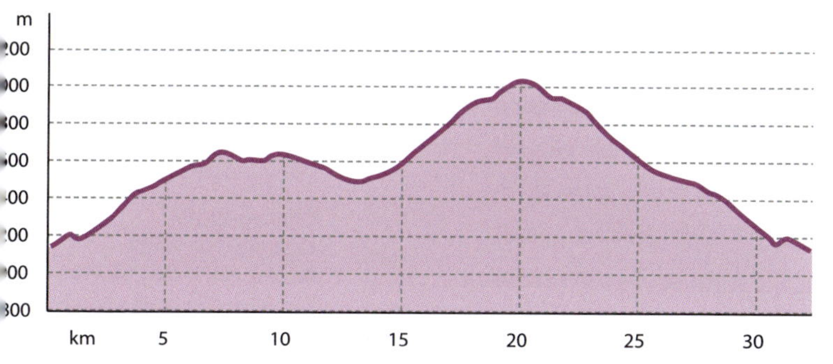

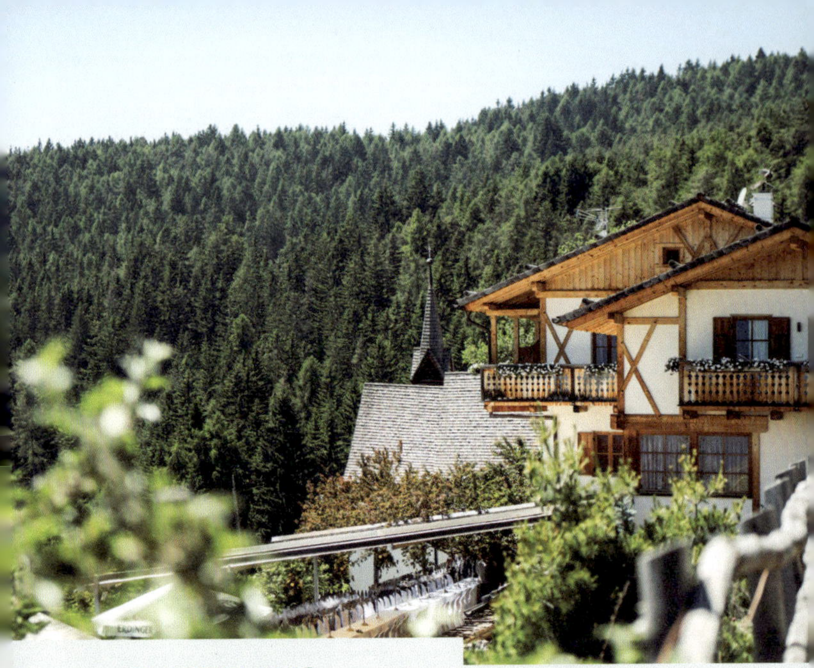

GASTHAUS BAD SIESS

Unser traditionell und charakteristisch geführtes Gasthaus liegt auf dem Rittner Hochplateau im Herzen Südtirols. Nehmen Sie Platz und genießen Sie unsere kulinarischen Köstlichkeiten. Eine große Auswahl an Knödelgerichten, die feinsten Kartoffelnocken oder das typische Bauerngröstel haben immer Saison.

Almweg 18
I-39054 Mittelberg – Ritten

M +39 392 4780530
info@badsiess.com
www.badsiess.it

Öffnungszeiten
Ostern bis November
25. Dez. bis Anfang Jänner
Von Anfang Februar bis Ostern an den Wochenenden

siehe G Eintrag

Die sonnige Panoramalage ist in allen Jahreszeiten idyllisch und absolut ruhig.

13 Im Bann von Rosengarten und Latemar

»Mit der Kabinenbahn von Welschnofen zur Frommeralm, auf der ausgewiesenen Radroute 358 und 360 zur Hagner Alm und über Obergummer wieder zurück«

 Parkplatz Talstation Kabinenbahn Laurin I in Welschnofen

|—| 27 km

 3:25 h

 778 m

778 m

 mittel

 auf der SS 241 (Beginn Nähe Autobahnausfahrt Bozen Nord) bis Welschnofen

Es gäbe zwar Möglichkeiten mit dem E-Bike die Hagner Alm von Welschnofen aus zu erreichen. Aber nicht auf allen Wegen sind Radfahrer erwünscht und der Trail ist jenen vorbehalten, welche vom Berg herabkommen. Also nutzt man die Kabinenbahn und spart 560 Höhenmeter. Man kommt auf dieser ausgewiesenen Mountainbike-Route ohne technische Herausforderungen voll auf seine Kosten. Der Ausblick, den man unterwegs immer wieder genießen kann, ist unübertrefflich: Rosengarten, Latemar, Schwarz- und Weißhorn sowie der Schlern begeistern jeden. Für Freunde der Sternenkunde ist dieses Gebiet ebenso eine bekannte und wichtige Adresse: Gummer, das „Erste europäische Sternendorf" lädt zu einem Besuch des Planetariums ein, in Obergummer kann eine Sternwarte aufgesucht werden. Beim Gasthof Lärchenwald trifft man auf eine Station des Planetenweges.

Wegbeschreibung: Man benutzt die Kabinenbahn Laurin I und fährt samt Rad bis zur Bergstation bei der Frommer Alm. Dort radelt man auf der Nigerpassstraße Richtung Norden

Aussichtsreiche Einkehr am Höfeweg

bzw. zum Nigerpass. Dort folgt man der ausgeschilderten Radroute 358 (Höfetour) nach links, welche stets auf einem gut befahrbaren Forstweg ohne größere Höhenunterschiede verläuft. Man unterquert mehrmals die Seilbahn, welche von Tiers heraufführt, der Wald lichtet sich, einige Almhütten zeigen sich und man fährt weiter bis zum nächsten Rad-routenschild, das die Verbindung zur Hagner Alm ausweist (360-Verbindung zur Hagner Alm). Man erreicht schließlich die Alm, die einen paradiesischen Blick auf die Dolomiten bietet. Dort führt die Route ein Stück auf dem gleichen Weg zurück und leitet dann nach links. Man erreicht wieder die Rad-route 358 und setzt diese fort. Vorbei am Schillerhof gelangt man zum Wolfsgrubenjoch, einer Kreuzung von mehreren Forstwegen. Man hält sich weiter an die entsprechende Radrouten-Beschilderung 358 und kann auf dem Forstweg durch Wald weitere fünf Kilometer weiterradeln. Als nächstes erreicht man den Gasthof Lärchenwald und fährt rechts auf der Straße nach Obergummer weiter. Man biegt bald links in die LS 132 ein und folgt dieser bis zur Abzweigung der Straße nach Welschnofen, welche links abgeht und auf der man nach rund sechs Kilometern zum Ausgangspunkt zurückkehrt.

TIPP

Der Name Wolfsgrubenjoch leitet von einer Wolfsfalle her, die man hier sehen kann. Im 19. Jahrhundert wurden hier noch Wölfe gefangen.

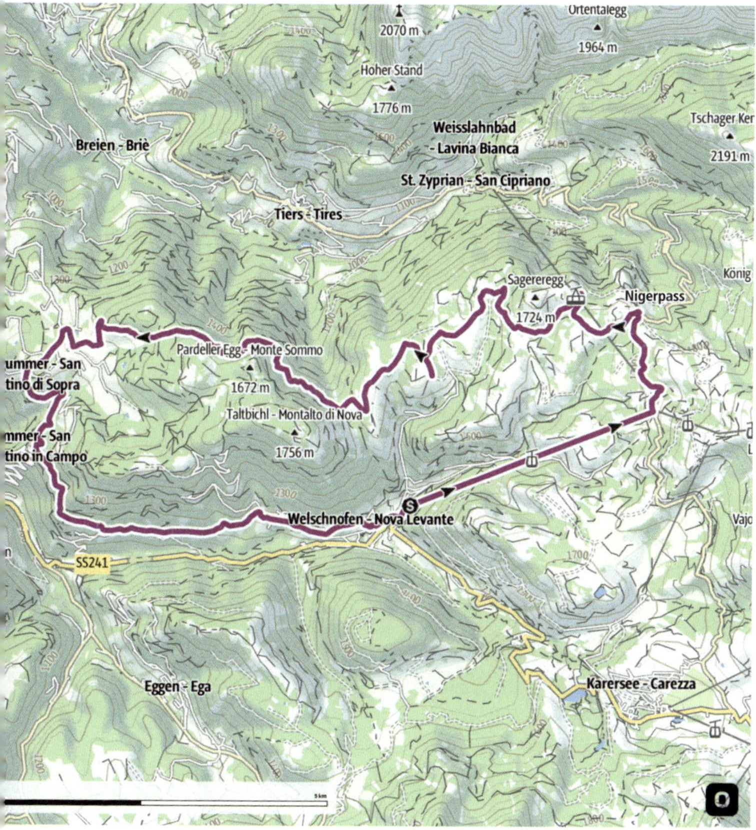

Ortentalegg
2070 m
1964 m
Hoher Stand
1776 m
Weisslahnbad - Lavina Bianca
Tschager Ker
2191 m
Breien - Briè
St. Zyprian - San Cipriano
Tiers - Tires
König
Sagereregg
1724 m
Nigerpass
Pardeller Egg - Monte Sommo
1672 m
Taltbichl - Montalto di Nova
1756 m
Welschnofen - Nova Levante
SS241
Eggen - Ega
Karersee - Carezza
5 km

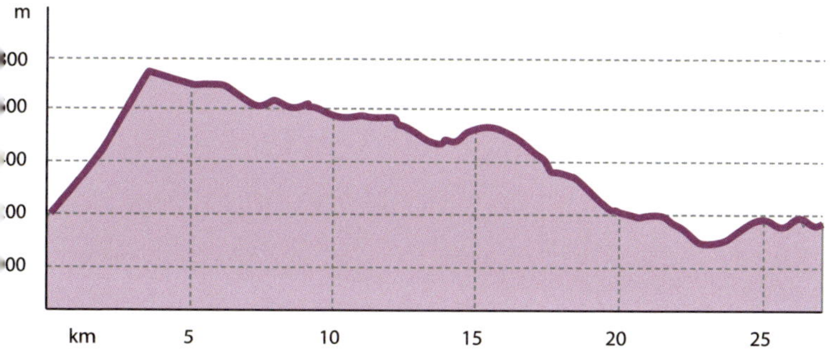

14 Dörferrunde unterhalb des Schlerns

„Von Atzwang nach Völs und zum Völser Weiher, über St. Konstantin nach Seis und Tiosels mit Rückkehr über St. Oswald"

 einige Parkplätze am Radweg neben der Radstation Bios

 39,2 km

 4:20 h

 1212 m

1212 m

 mittel

 auf der SS 12 bis Atzwang

Eine interessante Runde mit viel Abwechslung: Man besucht den idyllischen Völser Weiher und die stattlichen Höfe entlang des Almweges, gepaart mit herrlichem Blick auf den Schlern sowie kleine Weiler und bekannte Orte wie Seis und Kastelruth.

Wegbeschreibung: Vom Parkplatz kurz nach Norden, rechts über die Brücke und auf der ausgeschilderten Radtour 390 (Verbindung Eisacktal-Dolomiten) über die Asphaltstraße hinaufradeln. In St. Anton hält man sich links, bei der Firma Caroma wieder rechts hinauf zur Landesstraße Seis-Völs, dort rechts weiter. Bald zweigt links die Straße zum Völser Weiher ab, der man nun folgt. Am linken Ufer des Völser Weihers entlang (Achtung Fußgänger!) erreicht man das gleichnamige Restaurant und fährt dort auf dem Forstweg 13 geradeaus weiter, teilweise etwas steil bergab, Richtung St. Konstantin. Man folgt dann dem ersten Sträßlein, das links abzweigt und bei der nächsten Kreuzung gehts weiterhin bergab. Man erreicht die Straße nach Völs, überquert diese und fährt auf dem Radweg bis kurz vor Seis (Handwerkerzone), wo man nicht Richtung

Der Weiler St. Oswald mit Blick auf das Verenakirchlein

Salegg radelt, sondern links hinab über die Burgfriedenstraße nach Seis. Vom Zentrum über die Santnergasse rechts hinauf zum Kreisverkehr, auf der LS 24 kurz Richtung Kastelruth und dann gehts rechts ab in die H.-Ibsen-Straße. Auf der Radtour 290 (Verbindung Seis-Kompatsch) gelangt man auf die Seiser-Alm-Straße, fährt auf dieser hinauf bis zum Infopoint und biegt dort links auf den Almweg ab. Auf dieser Straße gelangt man zum Sportplatz Wasserebene und nach Tiosels hinab. Man biegt auf Weg 7 ab, hält sich bei der nächsten Weggabelung rechts, es folgt eine kurze Hoppeltour, man überquert bald Weg 6 und erreicht auf Weg 6B die Landesstraße Seis-Kastelruth (Kreisverkehr). Hier links nach Seis radeln und über die Santnerstraße und den St.-Oswald-Weg bis nach St. Oswald. An der Kirche vorbei und weiterhin auf diesem Sträßlein bleibend erreicht man auf dieser Radtour 288 (Verbindung Eisacktal II) bei teilweise sehr steiler, aber asphaltierter Abfahrt den Talboden. Auf dem Radweg kehrt man links zum Ausgangspunkt zurück.

Der Völser Weiher ist auch ein Badesee

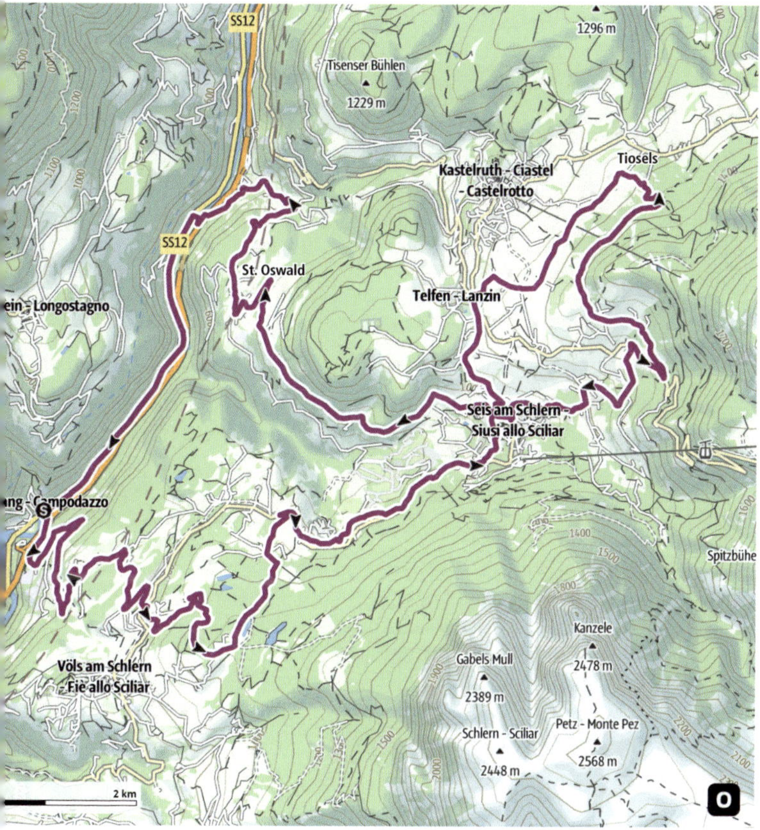

SS12
1296 m
Tisenser Bühlen
1229 m
Kastelruth - Ciastel - Castelrotto
Tiosels
St. Oswald
Telfen - Lanzin
ein - Longostagno
Seis am Schlern - Siusi allo Sciliar
ang - Campodazzo
Spitzbühe
Kanzele
2478 m
Gabels Mull
2389 m
Völs am Schlern - Fiè allo Sciliar
Schlern - Sciliar
2448 m
Petz - Monte Pez
2568 m
2 km
O

m
400
200
000
800
600
400
200
km
5
10
15
20
25
30
35

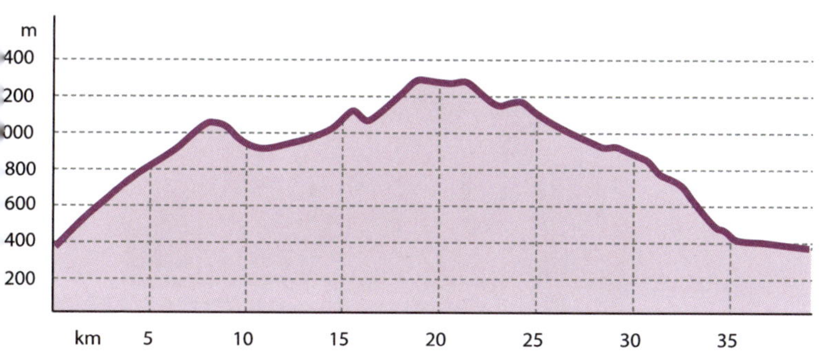

Im Hofladen bieten wir unser Weinsortiment zum Verkauf an.

WASSERERHOF

Der familienbetriebene Wassererhof liegt am Fuße des Schlern. Er datiert urkundlich in das Jahr 1366 zurück. Heute ist unser Hof ein Weingut mit Buschenschank, ein Ensemble einfühlsamer und gleichzeitig gehaltvoller Architektur.
Andreas ist der Koch im Buschenschank. Frisch, hausgemacht und verfeinert sind die Gerichte der traditionellen Küche.
Christoph ist der Landwirt und Kellermeister am Wassererhof.

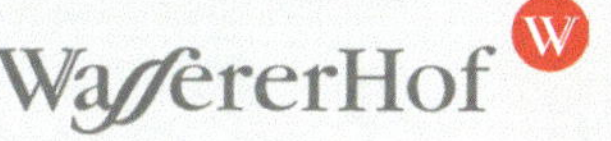

Weingut & Buschenschank
Christoph & Andreas Mock
Völserried 21
I-39050 Völs am Schlern

M +39 338 7779227
+39 331 6645870
info@wassererhof.com
www.wassererhof.com

Öffnungszeiten Buschenschank
Mitte März bis Ende Mai
Anfang September bis ca. 20. Dezember
Weinverkauf ganzjährig

15 Auf dem Hochplateau der Seiser Alm

»Von St. Christina übers Jendertal auf die Seiser Alm und über Monte Pana wieder retour«

 Parkplatz am Sportplatz von St. Christina

 20,3 km

 2:30 h

 640 m

 640 m

 mittel

 von Klausen über die SS 242d oder von Waidbruck über die SS 242 ins Grödental bis zum Sportplatz St. Christina

Die Seiser Alm ist ein Paradies für Fahrten mit dem E-Bike und man kann sich an den Dolomitengipfeln kaum sattsehen. Die Erreichbarkeit der Alm ist mit dem Rad über die allseits bekannte Straße von Kastelruth aus möglich oder mit der Bergbahn. Im Grödental gäbe es zu einem Aufstieg mit der dortigen Bergbahn sogar zwei Alternativen: Die erste Variante führt über Pufels und die hier vorgeschlagene Route in abwechslungsreicher Fahrt durch das Jendertal.

Zu Beginn hat man einen herrlichen Blick aufs Tal und das Kirchlein St. Jakob winkt ebenso herüber. Nach einem Parkplatz endet die Asphaltstraße und man fährt nun auf Schotter durch einen besonders schönen Teil des Tales. Auf dem Rückweg erblickt man kurz vor Monte Pana links einen hübschen See, den man auf dem Weg „Pana Raida" erreichen und sich dort ein wenig entspannen kann.

Blick auf die herrliche Hochalm der Seiser Alm

Wegbeschreibung: Vom Sportplatz folgt man dem Radweg neben dem Grödner Bach Richtung St. Christina. Vorbei an einer kleinen Handwerkerzone kommt man zu einer Kreuzung (Apartment Mulin d'Odun). Hier überquert man rechts den Bach und fährt weiterhin rechts haltend auf der Streda Rives weiter. Auf dieser erreicht man die Jendertalstraße, welche von St. Ulrich hereinführt. Man radelt nun auf dieser Straße (Nr. 18) zuerst auf Asphalt aufwärts, später auf einer Schotterstraße, überquert den Jenderbach zweimal und erreicht Saltria. Dort wendet man sich nach links, Richtung Monte Pana bzw. Weg 30 und folgt diesem bis Monte Pana. Hier fährt man auf der Straße, welche links steil nach St. Christina hinableitet. Man überquert unten angekommen wieder den Grödner Bach und radelt danach links hinab auf dem Radweg zum Ausgangspunkt zurück.

TIPP

Von Saltria kann man auch einen Abstecher zur Zallingerhütte unternehmen und von dort auf gutem Weg 531 direkt zur Straße nach Monte Pana hinabradeln.

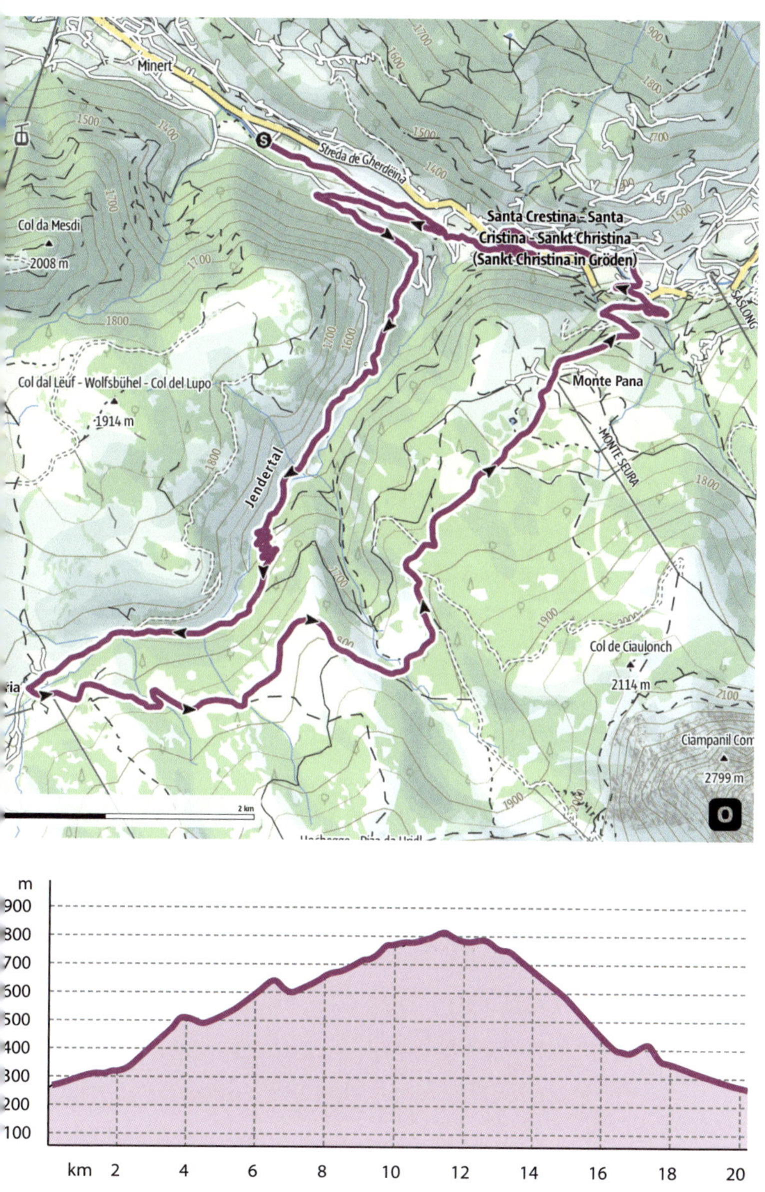

Minert
Streda de Gherdëina
Col da Mesdi
2008 m
Santa Crestina - Santa Cristina - Sankt Christina (Sankt Christina in Gröden)
Col dal Lëuf - Wolfsbühel - Col del Lupo
1914 m
Jendertal
Monte Pana
MONTE SEURA
Col de Ciaulonch
2114 m
2799 m
2 km
m
km 2 4 6 8 10 12 14 16 18 20

16 Barbianer und Villanderer Latschenrunde

„Von Barbian über die Almstraße zum Almparkplatz Huberkreuz und über den Gasteiger Sattel und die Villanderer Almen zurück nach Barbian“

 Parkplätze entlang der Straße Barbian-Saubach

|—| 31,8 km

 3:30 h

 1335 m

 1335 m

 mittel

 auf der SS 12 bis zur Abzweigung der LS 26 nach Barbian (gegenüber von Waidbruck)

Diese Runde verbindet zwei Almgebiete, die recht unterschiedlich sind. Während die Barbianer Almen sehr ruhig und beschaulich wirken, ist es auf der Villanderer Alm mit den vielen Einkehr- und Wandermöglichkeiten um einiges lebendiger. Beide können aber mit einer tollen Aussicht punkten. Einst waren die beiden Gemeinden politisch vereint und trugen mit der Nachbargemeinde Ritten einen rund 500 Jahre währenden Almstreit aus. Es ging dabei vor allem um Weiderechte. Die lange Trockenmauer, die uns am Merlboden begegnet, ist als Begrenzungsmauer noch ein Hinweis auf diese Begebenheit. Das Gebiet gehört zu den Sarntaler Alpen und ist auch bekannt wegen der reichlich vorkommenden Latschen. Aus denen wird das heilkräftige ätherische Latschenöl hergestellt und es ist in dieser Gegend in vielen Hausapotheken zu finden. Erwähnenswert sind auf der Villanderer Alm auch die Hochmoore, von denen es in dieser Art nicht mehr viele in Südtirol gibt. Die Sage des geheimnisvollen „Almkoats", einem furchterregenden Ungeheuer, verleiht wohl der allgemeinen heimlichen Angst vor Mooren Ausdruck.

Abfahrt über die Villanderer Alm

Wegbeschreibung: Vom Parkplatz in Barbian radelt man Richtung Saubach weiter und am Dorfende biegt man rechts in die Almstraße ab, auf der man nach sieben Kilometern den Almparkplatz Huberkreuz erreicht. Dort hält man sich rechts, Richtung Kapatsch und fährt nunmehr auf einer Forststraße weiter bergauf. Vorbei an Almhütten gelangt man zu einem auffallenden Trockenmauerwall, der sich über die Almen hinzieht. Hier radelt man nach der Mauer rechts weiter, Richtung Gasteiger Sattel (Weg 1, 7). Es geht bald abwärts, immer auf einem Forstweg, Richtung Villanderer Alm. Weg 7 zieht sich schließlich rechts hinab und man radelt nun auf dem Forstweg 7A weiter bis zur Hütte Mair in Plun. Dort geht es rechts hinab zur Gasserhütte. Von der Hütte fährt man rechts auf einer Asphaltstraße hinab zum Hotel Samberger Hof und an diesem vorbei Richtung Villanders. In einer großen Linkskurve bei einer Bushaltestelle entdeckt man die Abzweigung auf die Straße, welche uns rechts nach Barbian zurückleitet.

TIPP

Unterhalb der Gasserhütte führt linkshaltend Forstweg 20 teils auf Schotter teils auf Beton hinab zum Buswendeplatz oberhalb vom Sambergerhof.

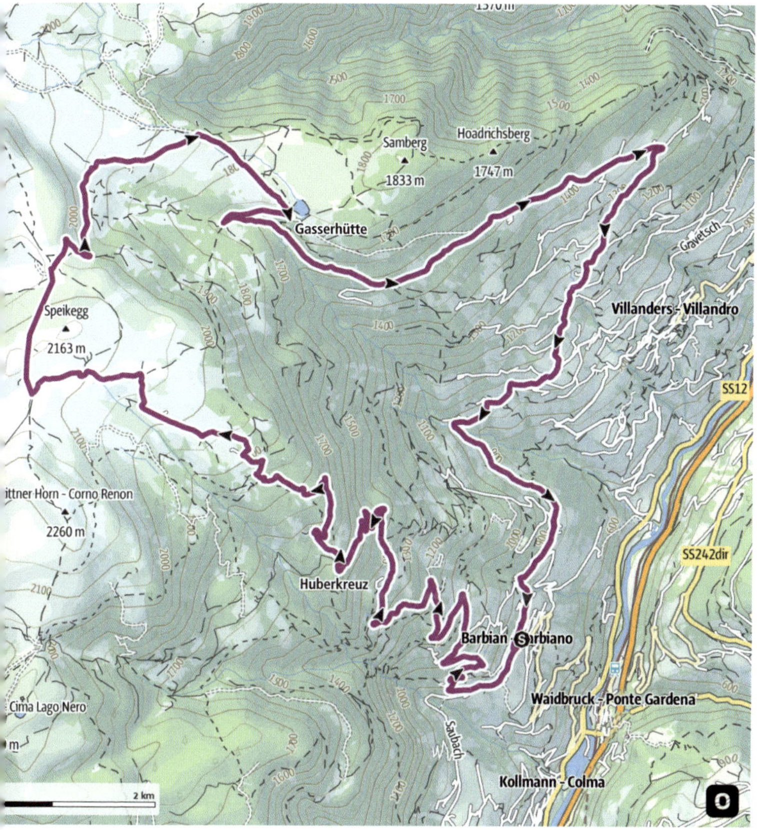

Samberg
1833 m
Hoadrichsberg
1747 m
Gasserhütte
Gravetsch
Villanders - Villandro
Speikegg
2163 m
SS12
ittner Horn - Corno Renon
2260 m
SS242dir
Huberkreuz
Barbian - Barbiano
Waidbruck - Ponte Gardena
Cima Lago Nero
Saubach
Kollmann - Colma
2 km

m
km
5
10
15
20
25
30

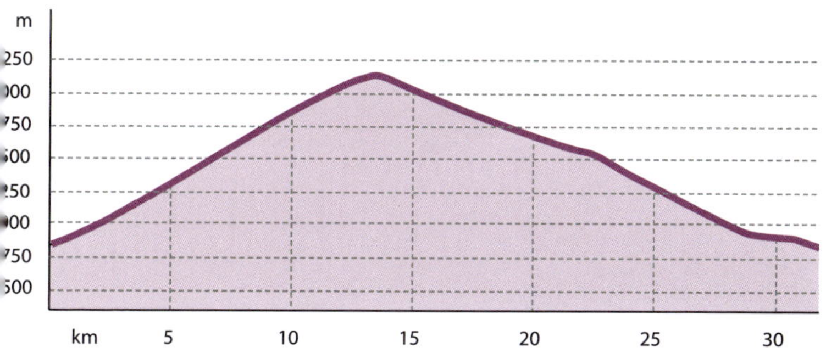

Auf der Villanderer Alm

ALMGASTHOF GASSERHÜTTE

Ob in unseren rustikalen Stuben oder auf der großen Sonnenterasse – machen Sie es sich gemütlich und lassen Sie Ihren Gaumen von unserer Küche verwöhnen.
Die kleinen Gäste dürfen sich gerne rund um die Hütte austoben – entdecken Sie die Tiere in unserem kleinen Streichelzoo und den Kinderspielplatz.

Gasser Urban
Alm 1
I-39040 Villanders

T +39 0472 843510
M +39 338 6908811
info@gasserhuette.it
www.gasserhuette.it

Öffnungszeiten
ganzjährig
Oktober–Juni: Montag Ruhetag

17 Törggelerunde im unteren Eisacktal

❝ Von Klausen über das Thinnetal bis Pardell, weiter nach Schnauders und über Gereuth und Tschötsch wieder zum Ausgangspunkt zurück ❞

Parkplatz beim Schwimmbad von Klausen

32,5 km

3:25 h

795 m (Aufstieg)

795 m (Abstieg)

mittel

auf der SS 12 bis zum Schwimmbad nördlich von Klausen oder über die A 22 bis zur Ausfahrt Klausen (dann Richtung Klausen)

Bereits die Fahrt durch das gepflegte Städtchen Klausen ist ein Augenschmaus, ebenso das urige und sagenumwobene Thinnetal. In Pardell genießt man den Blick auf das ehemalige Benediktinerinnenkloster Säben und im Hirschpark beim Glangerhof oberhalb Feldthurns kann man das Wildtiergehege mit über 50 Hirschen, Hirschkühen und Kitzen bewundern. Als Nächstes winken die Dolomiten auf der Fahrt Richtung Gereuth von weitem herüber. Man fährt über die nächste Gemeindegrenze in das Gebiet von Brixen, wo uns der Wirt an der Mahr, ein geschichtsträchtiger Gasthof, erwartet.

Wegbeschreibung: Vom Parkplatz fährt man auf dem Eisacktaler Radweg Richtung Klausen, durch die Ober- und Unterstadt bis zum Thinneplatz. Nach der Brücke über den Thinnebach biegt man rechts ab und fährt entlang des Baches in die gleichnamige Schlucht hinein. Man erreicht schließlich die Straße nach Pardell, welche vor einer Brücke rechts abgeht. Auf dieser radelt man hinauf bis zu der Straße, welche ins Ortszentrum führt. Dort hält man sich

Blick auf die Dolomiten auf dem Weg nach Gereuth

links, Richtung Feldthurns. Man erreicht die Straße, die von Feldthurns nach Latzfons führt und richtet sich hier Richtung Feldthurns hinab. Bald geht links die Straße zum Glangerhof ab, auf der man Schnauders erreicht. Dort angekommen hält man sich links und radelt aufwärts, bis sich beim Vös-Kirchlein die Wege teilen. Man fährt rechts (Stilums, Dietrichhof) und radelt noch ein Stück auf Asphalt weiter, am Dietrichhof vorbei. Die Straße wird zeitweise zu einem Forstweg, es geht aufwärts, man überquert mehrere Bäche und erreicht die Straße, welche steil nach Tils und Pinzogen hinabführt. Dort rechts bis zur Straße Brixen-Feldthurns weiterfahren. Diese überqueren und nach Tschötsch hinabtreten. Man bleibt weiterhin auf derselben Straße und gelangt zu einer Linkskurve, wo es dann abwärts Richtung Mahr geht. Dort kommt man links zum Wirt an der Mahr und sobald man die Unterführung von Zug und Autobahn durchfahren hat, ist man auf der Staatsstraße SS 12. An dieser entlang kurz nach rechts und bei der Gärtnerei Rizzi die vielbefahrene Straße überqueren und bis zur Julius-Durst-Straße radeln. Parallel zu dieser verläuft der Eisacktaler Radweg, auf dem man wieder zum Ausgangspunkt in Klausen zurückkehrt.

TIPP

Einen Abstecher wert ist auch die Georgskirche von Schnauders, die auf einem Hügel thront und zu einer aussichtsreichen Rast einlädt.

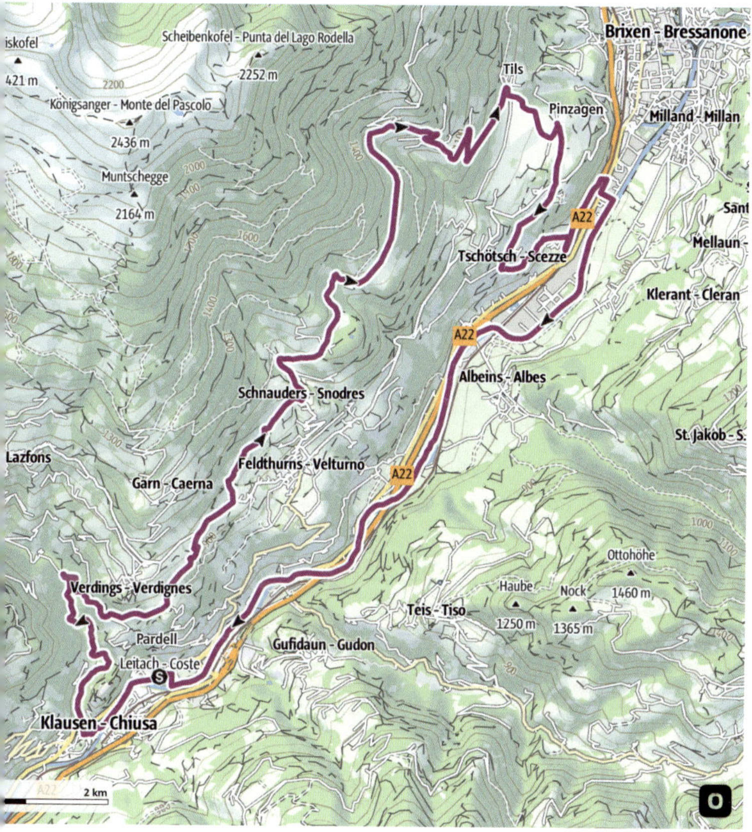

iskofel
421 m
Scheibenkofel - Punta del Lago Rodella
2252 m
2200
Königsanger - Monte del Pascolo
2436 m
Muntschegge
2164 m
2000
1900
1800
1700
1600
1400
1300
Tils
Pinzagen
Brixen - Bressanone
Milland - Millan
Sant
Mellaun
A22
Tschötsch - Scezze
Klerant - Cleran
A22
Albeins - Albes
Schnauders - Snodres
St. Jakob - S.
Lazfons
Feldthurns - Velturno
A22
Garn - Caerna
Verdings - Verdignes
Pardell
Leitach - Coste
S
Klausen - Chiusa
Gufidaun - Gudon
Teis - Tiso
Haube
1250 m
Nock
1365 m
Ottohöhe
1460 m
1000
1100
A22
2 km
O

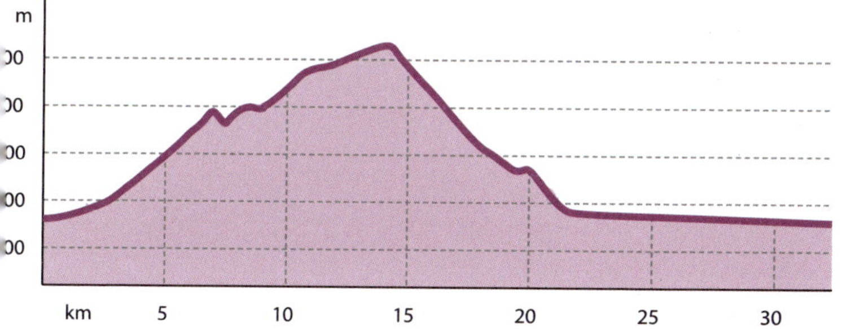

18 Rund um den Mitterberg in Villnöß

❝ Von St. Peter/Villnöß zur Jakobskirche, über Rungatsch, Vikoler Bild und Karregg bis zur Russisbrücke und auf der Würzjochstraße wieder zurück ❞

Parkplätze am Dorfeingang von St. Peter, vor der Bushaltestelle

21,5 km

2:35 h

764 m

764 m

mittel

zwischen Klausen und Brixen zweigt die LS 27 ab, auf der man St. Peter/Villnöß erreicht

Mit Villnöß verbindet man vor allem die Geislerspitzen und der Blick darauf wird einem bei dieser Tour immer wieder in aller Pracht begegnen. Ein weiterer Höhepunkt und unbedingt einen Besuch wert ist die Hügelkirche St. Jakob am Joch, errichtet auf einem alten Brandopferplatz. Bei diesem Ort handelt sich auch um einen alten Übergang, wie der Beiname schon verrät. Erwähnenswert sind auch die stattlichen Höfe von Rungatsch, an denen man ebenso vorbeiradelt. Auf der schattigen Forststraße von Karregg hingegen fällt der Blick auf Afers, der gleichnamige Bach rauscht tief unter uns zu Tal.

Wegbeschreibung: Vom Parkplatz radelt man Richtung Dorfzentrum St. Peter/Villnöß hinauf, vorbei am Infobüro und geradeaus weiter, bis rechts der Josefweg hinaufleitet. Auf diesem gelangt man bis unterhalb des Höhenkirchleins St. Jakob, biegt rechts ab in die gleichnamige Straße und fährt bald wieder zwischen den Höfen links hinauf und nochmals links hinüber zur Kirche. Danach kehrt man zurück auf die Jakobstraße und fährt weiter bis zur Straßengabelung, an der die Schilder zur

Blick auf St. Peter in Villnöß

Wolfsgrube und dem Sunnseitnweg weisen. Man folgt diesem links hinauf und bei der folgenden Linkskurve folgt man abermals dem Sunnseitnweg, der geradeaus und dann alsbald rechts hinableitet. Hier radelt man aber links weiter, auf einem nicht mehr so breiten Waldweg und schließlich auf einem Wiesenweg bis zu den Rungatschhöfen. Hier erreicht man auf der Asphaltstraße, immer geradeaus fahrend, die Würzjochstraße. Auf dieser gehts kurz hinauf, vorbei am Kirchlein Vikoler Bild, bis links die Straße Richtung St. Georg/Afers und zum Hof Feltun abzweigt. Man erreicht auf dieser den Rieferhof, kurz vorher wendet sich der Forstweg 5A nach links. Man folgt diesem, bis er links ins Tal hinabgeht. Hier führen zwei Forststraßen weiter, man hält sich an die linke. Nun radelt man auf dieser Straße für rund vier Kilometer mehr oder weniger flach dahin und gelangt nach einem kurzen Aufstieg auf die Straße, die von Afers zum Würzjoch hinaufführt. Man wendet sich nach rechts, erreicht die Russisbrücke und folgt dort der Straße nach St. Peter/Villnöß hinab.

Unterwegs zum Vikoler Bild mit Blick auf die Geisler

Cleran
Plosebahn
Schönbodenbahn
Rossalm
Großer Gabler - Mont
2574 m
Kreuztal - Val Croce
Palmschoß - Plancios
Jakob - S. Giacomo
St. Georg - San Giorgio di Eores
Hochegg
1836 m
Tschnoschen
1808 m
Russiskreuz
Weißlahnspit
2494 m
Wolfsgrube
1535 m
St. Jakob
St. Peter - San Pietro
Pitzack
St. Magdalena - Santa Maddalena
Villtatscher Berg
1908 m
Flitzweg
Baumannspitz
1869 m
2 km
Resciesa Dedite - Innerraschötz - Rasciesa di Dentro
Laite va Piz

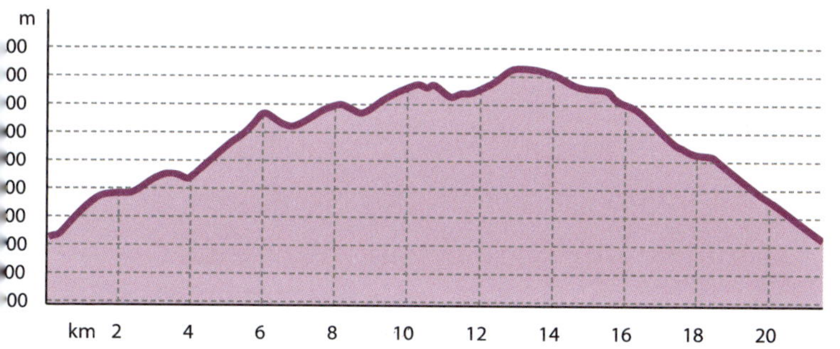
m
km
2
4
6
8
10
12
14
16
18
20

19 Kapellenrunde rund um Neustift

❝ Von Neustift über Schabs und Aicha nach Spinges und über Mühlbach, Schabs, Viums und Raas wieder zurück ❞

 Parkplatz des Klosters Neustift

|—| 29,5 km

 3:00 h

 714 m

714 m

 leicht

 von der SS 12 zweigt nördlich von Brixen bzw. südlich der Autobahnausfahrt Brixen die LS 33 nach Neustift ab

Eine leichte Tour auf unterschiedlichem Untergrund, die mit Abwechslung und Überraschungen aufwartet.

Wegbeschreibung: Vom Parkplatz fährt man links weg, an Kloster, Grundschule und Feuerwehrhalle vorbei. Bei der Rechtskurve geradeaus auf die Alte Pustertaler Straße halten und auf diesem neuen Radweg weiterradeln bis zur Kreuzung am Dorfende von Schabs. Dort wendet man sich nach Franzensfeste. Auf dem ausgeschilderten Radweg unterquert man schließlich die Staatsstraße und fährt links weiter bis zur Kirche von Aicha. Dort rechts hinaufradeln, bei der Kreuzung folgt man der Unterdorfstraße links hinauf, unterquert die Bahntrasse und biegt rechts in die Köstentalstraße ein, auf der man die nächste Straße erreicht. Auf dieser radelt man rechts hinauf bis zur querenden Straße nach Spinges (links halten). In der ersten Linkskurve erblickt man im Wald ein Kirchlein. Man besucht das Urlaubsstöckl, kehrt dann wieder zurück und radelt weiter Richtung Spinges. Man zweigt schließlich rechts Richtung Hofschänke „Ban Erschbama" ab

Kloster Neustift inmitten von Weinreben

und kommt an einer weiteren Kapelle vorbei. Bei der nächsten Straßengabelung links und dann wieder rechts, Richtung „Ban Erschbama". An diesem vorbei und bei der nächsten Weggabelung fährt man rechts. Auf dieser Straße erreicht man wieder die bekannte Ölbergstraße, auf der man nun links hinab bis Mühlbach radelt. Oberhalb des Ortes nimmt man in der Rechtskurve die schmale Straße, welche rechts hinab ins Zentrum leitet. Dort nach links eine kleine Dorfrunde zum schönen Kirchplatz machen und wieder zurück, um auf dem Radweg weiterzufahren. An der Stöcklvaterkapelle vorbei gelangt man zum Hotel Sonne, bald danach links abzweigen, zurück nach Schabs. Hier an der Feuerwehrhalle links vorbei hinauffahren und stets rechts haltend erreicht man Viums. Es geht weiter auf der Straße Richtung Natz. Bereits vor dem Dorf zweigt man rechts in das Biotop Sommersürs ab, bei der nächsten Weggabelung links und dann immer geradeaus bis zur LS 31. Auf dieser nach links und an der nächsten Straßengabelung rechts (Laugen) und bald wieder rechts (Planetzweg). Man erreicht das Zentrum von Raas und fährt über den Weg zur Platte hinab Richtung Neustift. Bei der zweiten Weggabelung links hinab bis zur Straße Richtung Brixen, auf der anderen Straßenseite kann man über den Radweg zurückkehren.

TIPP

Einen Besuch wert ist auch die Grabeskapelle von Spinges, die der Grabeskirche von Jerusalem nachempfunden ist.

Brandegg
1675 m
SS49
Mühlbach - Rio di Pusteria
Spinges - Spinga
Ölberg
St. Pauls - San Paolo
Gifen - Chivo
Rodeneck - Rodengo
Vill - Villa
SS12
Aicha - Aica
Pustertaler Straße - Via Val Pusteria
Ladestatt
A22
Schabs - Sciaves
Viums - Fiumes
Biotop
Sommersürs
LS/SP31
Natz - Naz
Rienz - Rienza
Raas - Rasa
Neustift - Novacella
Vahrn - Varna
2 km
enviertel - Quartiere Leone
Elvas

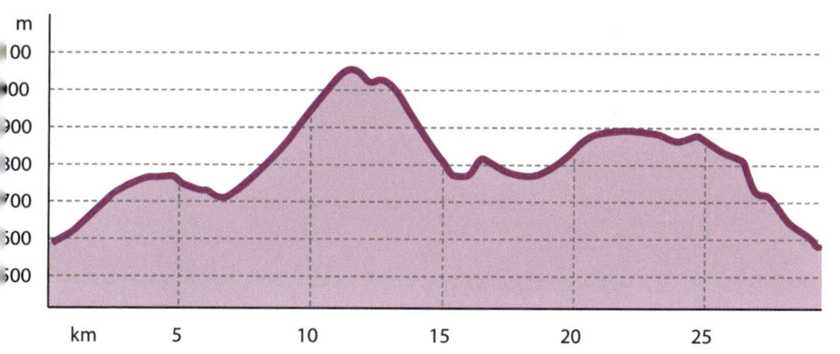

Das Urlaubsstöckl in Spinges

BAN ERSCHBAMA

Unsere Hofschänke befindet sich im idyllischen Dorf Spinges. Die Stube mit Holzvertäfelung und die Terrasse mit Panoramablick, Schaukel und Sandkasten laden zum gemütlichen Einkehren ein. Wir bieten hausgemachte Tiroler Küche mit typischen Speisen wie Schlutzkrapfen, Knödel und Kartoffelteigtaschen sowie Törggele-Gerichte im Herbst an.

Ban Erschbama

Hofschänke Ban Erschbama
Ölberg 3
I-39037 Spinges/Mühlbach

M +39 348 3396714
banerschbama@outlook.com
f banerschbama

Öffnungszeiten
ganzjährig geöffnet außer Januar und Februar; Freitag bis Sonntag ganztägig geöffnet; Montag und Dienstag Ruhetag; Mittwoch und Donnerstag abends geschlossen

20 Sterzinger Dörferrunde

»Von Freienfeld über Elzenbaum, Wiesen und Flains nach Sterzing und über Telfes und Mareit zurück nach Sterzing und zum Ausgangspunkt«

Parkplatz beim Bahnhof Freienfeld

32,6 km

2:40 h

450 m

450 m

leicht

auf der SS 12 bis Freienfeld, der Bahnhof befindet sich südlich von der Landstraße

Diese Dörferrunde ist eine leichte, abwechslungsreiche Runde, an Bächen entlang, durch nette Orte mit schönen Ausblicken.

Wegbeschreibung: Vom Parkplatz kurz auf der Anfahrtsstraße zurückfahren und sofort links halten und die Gleise unterqueren. Am Eisack entlang fährt man bis zur zweiten Brücke, welche Eisack und Autobahn überquert, und dann Richtung Stilfes, bis rechts der Sterzinger Rundweg abzweigt. Auf diesem radelt man schließlich auf einem flachen Forstweg bis Elzenbaum, wo man bis zur Hauptstraße radelt, welche durchs Dorf führt. Auf dieser rechts hinab, bis man die nächste Brücke erreicht, die Autobahn und Bach überquert. Danach unterhalb der Staatsstraße auf einem schmalen Weg kurz rechts und nach Überquerung des nächsten Baches die Staatsstraße überqueren und an der rechten Seite des Baches Richtung Pfitsch radeln. Man unterquert die güne Eisenbahnbrücke und folgt dann dem Bachweg bis zur Brücke in Wiesen. Dort hinüberqueren und dann rechts und wieder links bis zur Landesstraße weiter, dieser nach links folgen und nach der Kirche rechts abbiegen.

Wiesen am Eingang ins Pfitscher Tal

Bei Schloss Moos hält man sich rechts, Richtung Flains; am Ort links einbiegen und auf dieser Straße nach Sterzing. Dort rechts an den Gleisen entlang bis zu deren Unterführung, dann durch die Mühlgasse bis zu deren Ende, links ab in die Brückengasse und rechts in die Lahnstraße. Nach der Autobahnunterführung links und auf der Thuinserstraße weiter, oberhalb von Thuins vorbei bis zur querenden LS 92. Auf dieser rechts weiter und man gelangt nach Ober- und Untertelfes. Bald danach teilt sich bei einer Bushaltestelle der Telferweg, man nimmt jetzt die links hinabführende Straße. Sobald man Mareit erreicht hat, fährt man auf der querenden Straße rechts und dann links, bis bald zwischen den Betrieben von „Wild Metal" der Radweg abgeht, dem man bis Sterzing folgt. Bald nach dem Kreisverkehr bei der Autobahneinfahrt geht rechts der Eisacktaler Radweg ab, der Richtung Süden am Eisack entlang zum Ausgangspunkt zurückführt. Achtung, nicht an der Bahn-Unterführung vorbeidüsen!

Blick von Thuins auf Sterzing

Gossensaß - Colle Isarco
Gschleier - Monte Velo
2212 m
Flaner Jöchl
1936 m
Bairnock - Punta de
2505 m
Rosskopf - Monte Cavallo
2189 m
Saun - Sommo
2078 m
SS12
Flains
Wiesen - Prati
Sterzing - Vipiteno
Mareta
Obertelfes - Telves di sopra
Zwölfernock - Dosso delle Dodici
1522 m
Gasteig - Casateia
A22
Ratschings - Racines
Elzenbaum - Pruno
SS12
Trens
Stilfes - Stilves
SS12
Außertal - Val di fuori
Mittertal - Val di Mezzo
Durraspitz - Monte Dura
1969 m
Salcherspitz - Cima Salceto
2109 m
Zinseler - Cima di Stilves
2422 m
Etschenspitz - Monte Eccio
5 km
Mitterbichl - Col di Mezzo
O

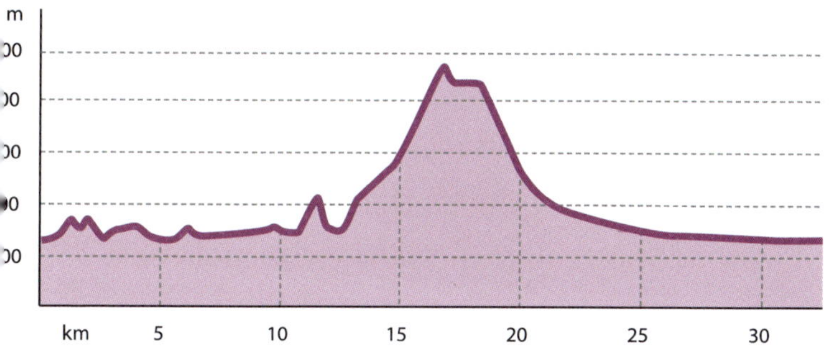

21 Ridnauner Bergwerksrunde

„Von Ridnaun über Gesille und Gesennen nach Maiern, durch das Lazzacher Tal zum Poschhaus und die Moarerbergalm“

Parkplatz beim Vereinshaus von Ridnaun

22,7 km

3:10 h

838 m

838 m

 mittel

 von Sterzing, Gasteig ins Ridnauntal. An der Straßengabelung vor Ridnaun links zu den Parkplätzen beim Vereinshaus

Eine Runde, welche die Radfahrer voll in die Geschichte des Bergbaues in diesem Gebiet eintauchen lässt. Der Abbau der Erze (Silber, Bleierze und Zinkblende) erfolgte auf der Passeirer Seite, am sogenannten Schneeberg. Danach wurden sie auf die andere Seite des Berges transportiert; über Stollen, mittels Aufzügen, Bremsbergen und Pferdebahnstrecken erreichten die wertvollen Funde Maiern im Ridnauner Tal. Dort befand sich die Aufbereitungsanlage. Schlussendlich ging die Reise über die Erzstraßen nach Sterzing und von dort weiter. Die Geschichte kann an dieser Stelle nur in kurzen Zügen angerissen werden, ist aber im Verlauf der Tour ständig präsent.

Wegbeschreibung: Vom Parkplatz radelt man wieder zurück zur Straßengabelung und wendet sich dort auf die zweite Straße, welche links hinabführt (Dorfzentrum, Gesennen). Man fährt an Spiel- und Sportplatz vorbei hinab zum Bach, überquert diesen und hält sich links. Man erreicht einen ersten Weiler, an der Hügelkirche St. Lorenz vorbei kommt man zur nächsten Häusergruppe. Beim letzten Hof folgt man

Blick zurück auf das Ridnauntal

der Linkskurve, wendet sich dann rechts über die Brücke und kommt nach Maiern. Hier rechts weiter (Bergl) zum Bergbaumuseum und an diesem und auch an der Abzweigung zur Knappenstube vorbei. Es geht steil bergauf, immer noch auf einer Asphaltstraße, welche schließlich in eine Schotterstraße übergeht. Die Straße teilt sich und man fährt links weiter und erreicht nach langer Fahrt mit kontinuierlicher Steigung das verfallene Poschhaus. In Kürze gelangt man rechtshaltend zur Brücke über den Bach und die Moarerbergalm. Die Rückkehr legt man bis zum Hotel Schneeberg in Maiern auf demselben Weg zurück. Gleich nach dem Hotel (Haupthaus) rechts abbiegen und dann wieder links am Haus „Maiern" vorbei und weiter (Weg 30). Bald geht der Obere Erzweg links ab (man folgt nicht der Almstraße zur Martalm). Auf diesem netten Weg, der nicht zu breit ist, aber auch nicht zu schmal, erreicht man in angenehmer Fahrt den Ausgangspunkt.

TIPP

Wenn man von der Moarerbergalm noch eine Runde zu Fuß auf dem Erlebnispfad anschließt, trifft man beispielsweise auf die beeindruckenden ehemaligen Bremsberge (Fördereinrichtung im Bergbau).

2363 m
Kampl
Winkeljochspitz
2600
2472 m
Maratsch - Monte Ma
2798 m
2000
Gschlantenspitz - Cima di lago Torbo
2652 m
2300
2477 m
Wetterspitze - Ci
Krapfenkarspitz - Quaira Tonda
2709
Hochnock
2711 m
1700
1700
Maiern
1780 m
Hoher Schlug
2777 m
1500
Ridnaun - Ridanna
1900
1600
1700
Rudererspitze
Geigenspitz - Cima Giga
2445 m
2444 m
1900
Einachtspitze
Hohe Ferse - Monte Tallone Grande
2304 m
2669 m
2 km
Mareiter Stein

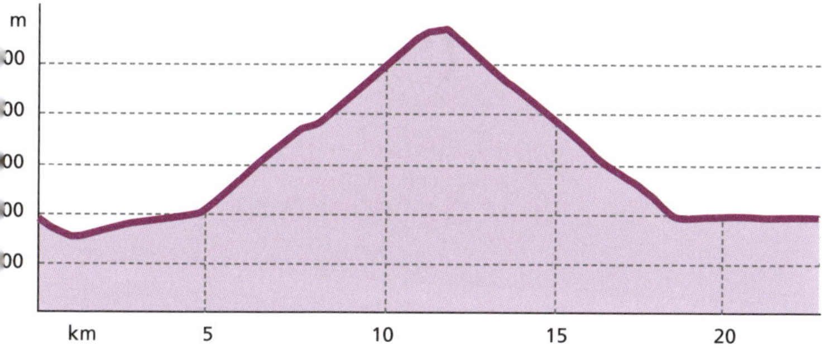

m
km
5
10
15
20

22 Über die Grenze schauen: auf das Pfitscher Joch

Von Kematen über St. Jakob bis zum Pfitscher Joch und wieder zurück

Parkplatz beim Spielplatz von Kematen

36,9 km

3:45 h

850 m

850 m

mittel

A22 – Ausfahrt Sterzing, dann rechts halten und ins Pfitscher Tal oder südlich von Sterzing auf die LS 508 bis nach Kematen

Das Pfitscher Tal zählt zu den nördlichsten Tälern Südtirols und der Ausgangspunkt Kematen gehört neben Wiesen und St. Jakob zu den Hauptorten des Tales. Diese Orte sind wiederum in mehrere kleine Weiler unterteilt, einige davon durchquert man im Laufe dieser Tour auch. Das Tal ist erstaunlich breit, die Siedlungen sind an den Rändern desselben, denn es war einst von einem See bedeckt. Das Ziel dieser Tour, nämlich das Pfitscher Joch, ist bei Radlern sehr beliebt, denn es ist ein bekannter Übergang ins Zillertal. Auf italienischer Seite erreicht man die Grenze auf einem gut befahrbaren Fahrweg. Auf österreichischer Seite gibt es immer noch Teile, welche sogar für Mountainbiker nicht leicht befahrbar sind.

Wegbeschreibung: Vom Parkplatz in Kematen weiter ins Tal hineinfahren, Richtung Rain und Platz, immer auf dieser Straße bleibend. Nach Platz führt diese Straße auf die Landstraße (LS 508) hinab, der man für eine Weile folgt. Nach dem Ortsschild „St. Jakob" hält man sich wieder links hinauf in den Ort und bleibt auf der Dorfstraße. Oberhalb von der Kirche vorbei

Der breite Talboden des Pfitscher Tales

erreicht man schließlich eine Straßengabelung, die rechts auf die Landesstraße hinableitet. Man hält sich aber weiter links, auch bei der nächsten Abzweigung und gelangt auf einen bequemen Wiesenweg (Nr. 3), auf dem man auf die Pfitscher-Joch-Straße unterhalb von Stein gelangt. Hier ist sie noch asphaltiert, geht aber nach der Abzweigung nach Stein alsbald in einen Schotterweg über, der aber sehr gut befahrbar ist. Man folgt dieser Forststraße für neun Kilometer mit gleichmäßiger Steigung bergauf. Man kommt an mehreren Parkplätzen vorbei und erreicht schließlich den Grenzübergang am Pfitscher Joch. Ein Abstecher zum nahe gelegenen Pfitscher-Joch-Haus gehört dazu, um Einkehr zu halten und die Aussicht zu genießen. Man kehrt dann auf demselben Weg wieder zurück. Diesmal aber nicht mehr den Wiesenweg benützen, sondern in der entsprechenden Linkskurve weiterhin auf der Pfitscher-Joch-Straße weiterfahren bis St. Jakob. Dort rechts in den Ort fahren und auf der bereits bekannten Straße zum Ausgangspunkt zurückkehren.

Blick auf das ehemalige Zollhaus am Pfitscher Joch

m

km 5 10 15 20 25 30 35

Unterwegs Richtung Pfitscher Joch

23 Almentour auf der Rodenecker-Lüsner Alm

»Von Mühlbach auf der Pustertaler Radroute bis Ehrenburg, hinauf nach Ellen und auf die Rodenecker-Lüsner Almen und Abfahrt über Rodeneck«

Parkplatz in der Nähe der Mühlbacher Klause

47,5 km

5:00 h

1266 m

1266 m

mittel

auf der SS 49 bis zur Mühlbacher Klause (zwischen Vintl und Mühlbach)

Auf dieser ausgedehnten Tour kommt nichts zu kurz: da ist der herrliche Pusterer Radweg, auf dem man gleich an drei Burgen vorbeikommt: an der Ruine Mühlbacher Klause, am noch bewohnten Schloss Ehrenburg und je nach Wunsch auch am Schloss Rodenegg. Die Aussicht bis zum und vom Weiler Ellen aus auf das Pustertal ist ein Traum und die Fahrt über die Lüsner und Rodenecker Almen sowieso.

Wegbeschreibung: Vom Parkplatz wendet man sich auf den Radweg (Bruneck) und folgt dieser bestens ausgeschilderten Tour bis Ehrenburg. Sobald man die querende Ehrenburger Straße erreicht (gegenüber Abzweigung zum Bahnhof), hält man sich auf dieser rechts und folgt der Ehrenburger Straße bis an deren Ende. Dort wendet man sich links auf die Straße „Im Moarbach", Richtung Montal. Von dieser zweigt schließlich die Zufahrtsstraße nach Ellen ab, auf der man nun rechts hinaufradelt. Sobald man den Weiler erreicht (Ortsschild), hält man sich rechts Richtung Astjoch und gelangt schließlich zum Kreuznerhof. Hier geht es rechts weiter bis zum

Wanderparkplatz und man folgt dann einfach der bequemen Forststraße (Rastnerhütte). Man erblickt schließlich oberhalb des Weges die baumfreie Fläche der Hospalm. Hier links weiterfahren und bei der nächsten Weggabelung nach der Hospalm geht es rechts weiter (Rastnerhütte). Das letzte Stück vor der weiten Fläche der Rodenecker Alm wird dann für kurze Zeit ziemlich ruppig, eventuell muss man ein wenig schieben. Sobald es wieder flacher wird, geradeaus bis zur Starkenfeld- und weiter zur Ronerhütte radeln. Auf diesem aussichtsreichen Almenweg bleibend schwebt man über die Almen dahin und gelangt zum Parkplatz Zumis. Hier rechts, auf der Asphaltstraße hinabfahren Richtung Rodeneck. Man erreicht eine Kreuzung (Holzhaus mit Turm), wo man links über einen Schotterweg zum Schloss Rodeneck hinabfahren und von dort wieder auf die Hauptstraße gelangen könnte, oder rechts direkt hinab nach Nauders und dann weiter bergab bis zur Brücke über die Rienz, welche man überquert. Nun geht's nochmals kurz aufwärts nach Mühlbach. An der Staatsstraße angekommen hält man sich rechts, fährt kurz an der Straße entlang, bis man wieder den Radweg erreicht, auf dem man zum Ausgangspunkt zurückkehrt.

TIPP

Es lohnt sich, in den Hauptort Vill zu radeln, um den Blick auf Schloss Rodenegg und von der Friedhofsmauer in die Rienzschlucht zu genießen.

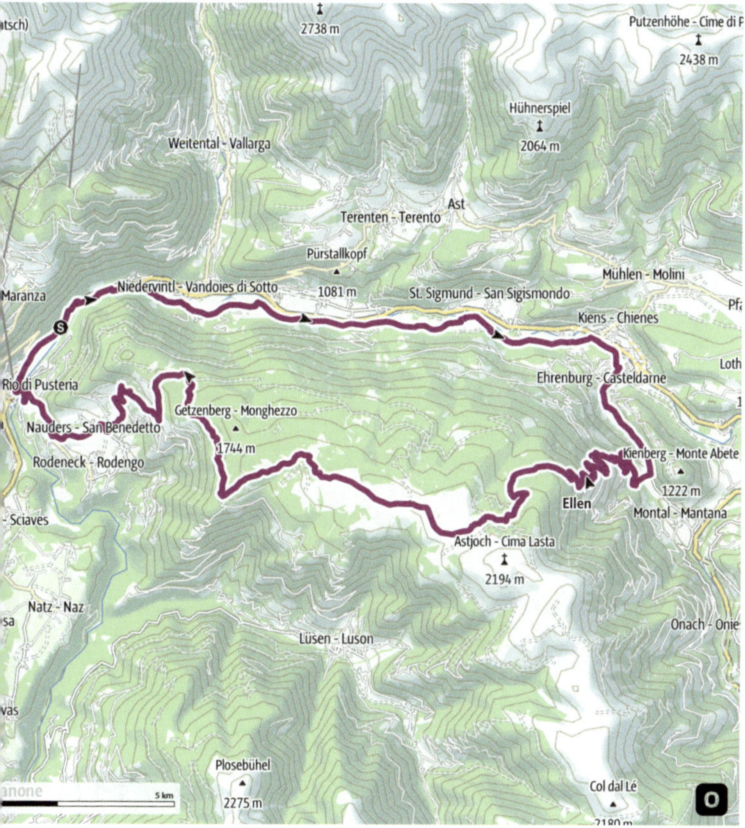

Putzenhöhe - Cime di P
2738 m
2438 m
Hühnerspiel
2064 m
Weitental - Vallarga
Ast
Terenten - Terento
Pürstallkopf
1081 m
Mühlen - Molini
Maranza
Niedervintl - Vandoies di Sotto
St. Sigmund - San Sigismondo
Kiens - Chienes
Rio di Pusteria
Ehrenburg - Casteldarne
Getzenberg - Monghezzo
1744 m
Nauders - San Benedetto
Rodeneck - Rodengo
Kienberg - Monte Abete
1222 m
Ellen
Montal - Mantana
Sciaves
Astjoch - Cima Lasta
2194 m
Natz - Naz
Onach - Onie
Lüsen - Luson
Plosebühel
2275 m
Col dal Lé
5 km
O

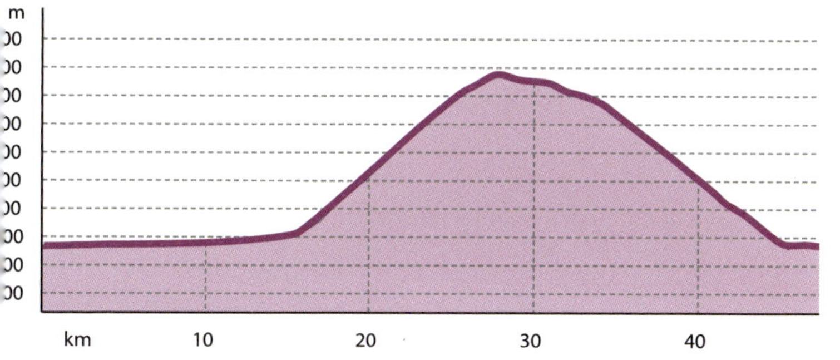

24 Rundtour um Pfalzen

❝ Von St. Lorenzen nach Fassing, Lothen, Issing und Pfalzen, hinauf zum Kofler am Kofl und zurück über Greinwalden, St. Georgen und Bruneck ❞

Parkplatz in der Nähe des Bahnhofs in St. Lorenzen

31,9 km

leicht

3:30 h

auf der Pustertaler Straße SS 49 bis St. Lorenzen (Parkplatz Nähe Bahnhof) fahren

821 m

821 m

Sehenswertes gibt es einiges an diesem Weg, so der Land-Art-Weg in Pfalzen, das „Pustra Meer" (Issinger Weiher) und der Traumblick vom Kofler am Kofl.

Wegbeschreibung: Vom Parkplatz fährt man Richtung Kirche und über die Josef-Renzler-Straße bis zur Rienzbrücke. Neben der Autobrücke ist eine Holzbrücke, auf der man den Fluss überquert und dann links nach Sonnenburg fährt. Am Spielplatz vorbei und dann rechts hinauf bis zur Kirche radeln, dort rechts halten (Irenberg, Issinger Weiher Nr. 6) und dann der Beschilderung Richtung Fassing und Lothen folgen. In Lothen auf die rechts hinaufführende Straße abbiegen (Pfalzen, Nr. 17), sie geht hinauf zum Oberhammhof. Bei der nächsten Weggabelung links und dann bald nach rechts (Nr. 17). Der Weg wird kurzzeitig etwas ruppig, aber bald wieder zu einer Forstraße, auf der man kurz vor der Pfalzner Sportzone ankommt. Dort links halten, am Sportgelände vorbei und dann auf dem Themenweg „Steine erzählen" bis zum Issinger Weiher radeln. Dort gleich rechts beim Parkplatz hinauffahren

Der Weiler Sonnenburg

und dann auf der Straße rechts von Bergila aufwärts bis Issing treten. Im Ort leitet die Straße rechts von der Kirche hinauf zur LS 40. Man fährt kurz rechts entlang dieser Straße Richtung Pfalzen und biegt dann links in den breiten Weg ein, der durch die Felder ins Dorf führt. Nach der Schule sofort links hinauf und bei der nächsten Weggabelung rechts wegschwenken, Richtung „Kofl". Nun fährt man erst geradeaus und dann in mehreren, steileren Serpentinen bis zum Berggasthof Kofler am Kofl. Anschließend kehrt man auf derselben asphaltierten Straße wieder zurück, biegt aber im Dorf in die Sichelburgstraße ab, dann links in den Burgweg und an der Kirche vorbei gelangt man zur Greinwaldner Straße. Auf dieser geht es nun links weiter in den gleichnamigen Ort. Man radelt am Hotel Winkler vorbei und dann bald links ab auf ein Sträßlein, auf dem man bis St. Georgen kommt. Immer geradeaus weiter auf der Gissbachstraße bis zur Kirche, dort fährt man rechts über die Gremsenstraße bis an deren Ende. Bald nach der Kreuzung rechts auf den Radweg, dem man an der SS 621 entlang bis zu einer großen Kreuzung folgt. Hier laut Beschilderung (Radroute Pustertal, Stegen, Reischach, Bahnhof) weiterfahren und schließlich an der Rienz entlang zum Ausgangspunkt zurückkehren.

TIPP

Am Weiler Sonnenburg sollte man sich eine Pause gönnen, dort fühlt man sich in frühere Zeiten zurückversetzt.

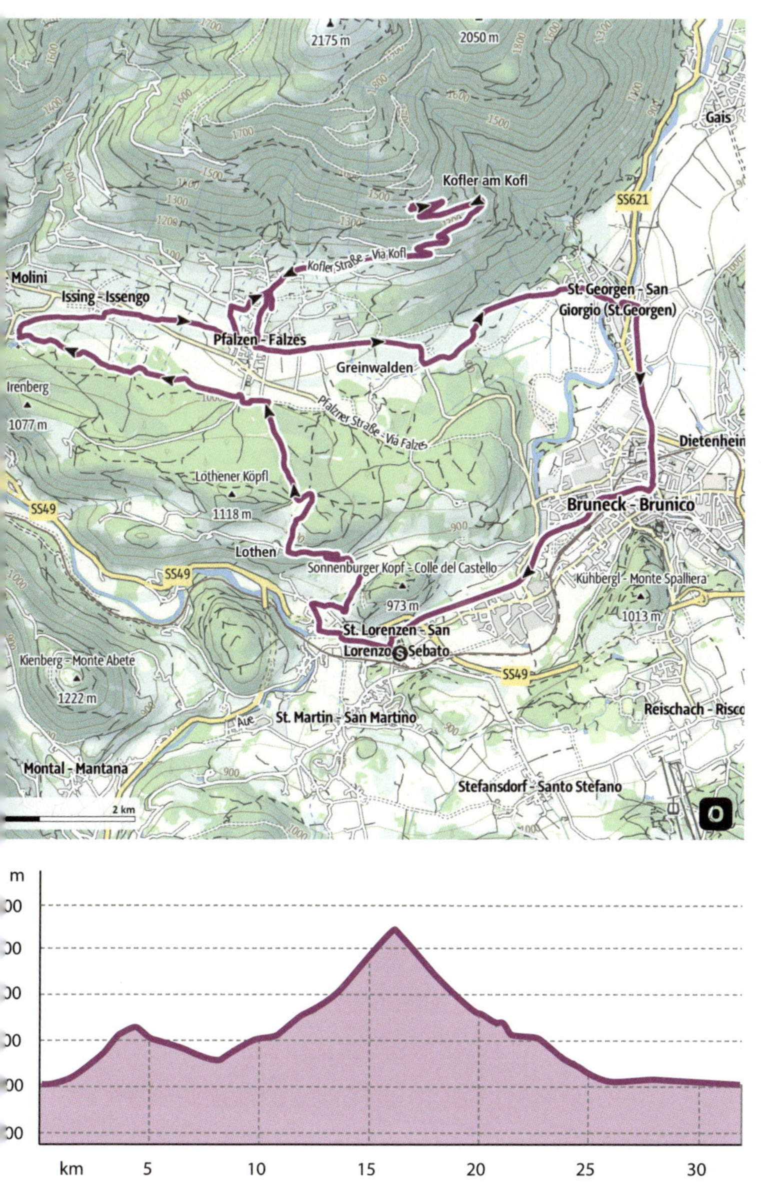
2175 m
2050 m
Gais
Kofler am Kofl
SS621
Kofler Straße - Via Kofl
Molini
Issing - Issengo
St. Georgen - San
Giorgio (St.Georgen)
Pfalzen - Falzes
Greinwalden
Irenberg
1077 m
Pfalzner Straße - Via Falzes
Dietenhein
Lothener Köpfl
1118 m
SS49
Bruneck - Brunico
Lothen
Sonnenburger Kopf - Colle del Castello
Kühbergl - Monte Spalliera
973 m
1013 m
St. Lorenzen - San
Lorenzo Sebato
Kienberg - Monte Abete
1222 m
Reischach - Risco
Aue
St. Martin - San Martino
Montal - Mantana
Stefansdorf - Santo Stefano
2 km
m
km
5
10
15
20
25
30

25 Vergessene Dörfer über dem Tauferer Tal

»Von Gais über Dietenheim, Amaten, Tesselberg und Mühlbach ins Mühlbacher Talile, hinab nach Uttenheim und über den Ahr-Radweg zurück«

 Parkplatz Nähe Spielplatz und Feuerwehrhalle in Gais

|—| 35,3 km

 leicht

 3:30 h

 von Bruneck auf der SS 621 über St. Georgen nach Gais

 995 m

 995 m

Eine leichte Runde mit Pfiff: stattliche, ansitzartige Bauernhöfe, ein Badl mit Geschichte in einem einsamen Bergtal und kleine Dörfer an schwindelerregend steilen Hängen, aber dafür mit einzigartiger Aussicht. Das sind die Zutaten.

Wegbeschreibung: Vom Parkplatz kehrt man zur Kreuzung zurück, biegt dort laut entsprechender Beschilderung (Radroute Bruneck) beim Haus Schmied links ab und radelt bis St. Georgen. Hier trifft man rechts vom Radweg auf ein Holzhaus, dem ehemaligen „Bohnhaisl". Nach diesem fährt man links über die Kehlburgstraße durch Felder hinauf bis zu einer Kapelle, hält sich nun rechts und fährt weiter bis ins Zentrum von Aufhofen. Die Kirche wird sichtbar, dort geradeaus, am Garni Adlhof vorbei und weiter nach Dietenheim. Auch hier immer geradeaus, vorbei am Hebenstreit-Hof, an der Kreuzung Richtung Volkskundemuseum radeln und dieser Beschilderung folgen. Am Volkskundemuseum vorbeifahren und vor der Haushalts- und Landwirtschaftsschule rechts in die Herzog-Diet-Straße abbiegen.

Blick auf Mühlbach

Auf dieser gelangt man durch Felder, vorbei an einem landwirtschaftlichen Forschungszentrum, in den Ort Luns. Man erreicht ein Haus mit einer Darstellung des hl. Florian auf der Hausmauer und hier hält man sich links hinauf Richtung Außerkröllhof. Man folgt der nächsten Rechtskurve nach rechts, radelt dann geradeaus bergauf und kommt auf die Straße nach Amaten. Dieser folgen und bei der Straßengabelung nach links, Richtung Amaten, Tesselberg und Mühlbach weiterradeln. Nach Amaten geht es stramm bergauf, immer auf Asphalt und schließlich kann man wieder gemächlich abwärts rollen. Man erreicht Tesselberg und fährt weiter Richtung Mühlbach. Bereits vor dem Ort folgt man rechts der Beschilderung zum Mühlbacher Badl. Nach dem Parkplatz geht es auf einer Schotterstraße weiter und vor dem Badl wird es noch richtig steil. Dann kehrt man auf dem gleichen Weg zurück und fährt rechts nach Mühlbach. Hier durch den Ort hindurch und weiter auf sehr abschüssiger, aber wenig befahrener Asphaltstraße hinab nach Uttenheim im Talboden. Vor der Brücke über die Ahr geht links der Radweg ab, auf dem man wieder zum Ausgangspunkt zurückkehrt.

TIPP

Landschaftlich noch schöner wird das Mühlbacher „Talile" nach dem Badl. Es lichtet sich der Wald und man kann noch lange weiterradeln.

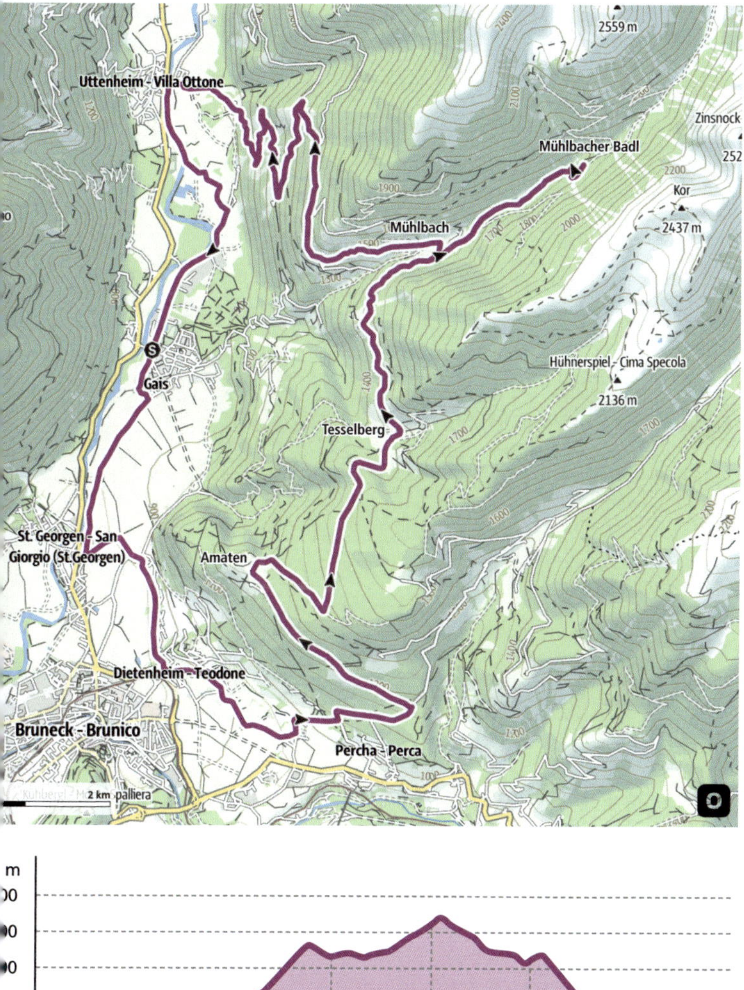

Uttenheim - Villa Ottone
2559 m
Zinsnock
Mühlbacher Badl
Kor
2437 m
Mühlbach
Gais
Tesselberg
Hühnerspiel - Cima Specola
2136 m
St. Georgen - San Giorgio (St.Georgen)
Amaten
Dietenheim - Teodone
Bruneck - Brunico
Percha - Perca
2 km

m
km
5
10
15
20
25
30
35

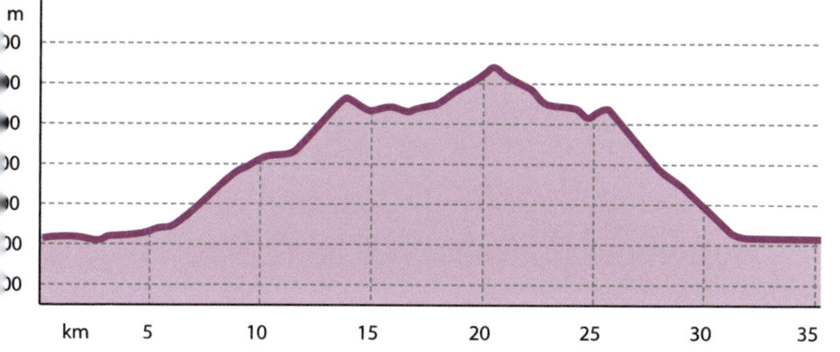

26 Grenzen überwinden: übers Klammljoch

»Von Rein in Taufers übers Klammljoch hinab ins Arvental und zu den Jagdhausalmen mit Rückkehr auf demselben Weg«

Wanderparkplatz hinter Rein in Taufers

21,9 km

2:35 h

880 m

880 m

 mittel

von Sand in Taufers auf der LS 48 bis Rein in Taufers und weiter bis zum Ende des Dorfes

Das malerische Knuttental ist sowohl den Wanderern als auch den Radfahrern bestens bekannt. Die Landschaft und der bequeme und breite Fahrweg laden Jung und Alt dazu ein, sich hier zu bewegen. Der Aufstieg zum Klammljoch ist nicht mehr so flach, aber die Steigung ist recht konstant und gleichmäßig. Man gelangt zum hübschen Klammlsee und entdeckt bald danach verlassene Gebäude, welche daran erinnern, dass man hier einst nicht so ungehindert unterwegs sein konnte. Man befindet sich an der Staatsgrenze und sie war früher streng bewacht. Zugleich treffen hier auch der Naturpark Rieserferner-Ahrn und der österreichische Nationalpark Hohe Tauern aufeinander. Man erreicht das Arvental, welches den Abschluss des Defreggentales bildet. Das Tal gehört zwar zu Österreich, die Weideflächen werden aber dank alter Weiderechte immer noch von Südtiroler Bauern bewirtschaftet, genauso wie die Jagdhausalmen. Dieses urige Almdörfchen ist ein besonderer Höhepunkt dieser Tour. Die Almhütten, heute noch aus Stein gebaut, zählen zu den ältesten urkundlich belegten Almen Österreichs. Damals waren sie als Dauersiedlung

Unterwegs im Knuttental

noch ganzjährig bewohnt, aber aufgrund der Lage und klimatischen Verhältnisse sind sie bald zu Sommeralmen geworden. Die Besitzer sind immer noch Bauern aus Südtirol und jährlich werden hier an die 330 Stück Jungrinder zum Weiden hinübergebracht und von fünf bis sechs Hirten betreut.

Wegbeschreibung: Vom Wanderparkplatz fährt man auf dem Schotterweg durch das Knuttental bis zur gleichnamigen Alm und an dieser vorbei bergauf bis zum Klammlsee und zum Grenzübergang, dem Klammljoch. Man folgt weiterhin diesem Weg und rollt nun abwärts ins Arvental, wo man sich rechts hält. Man radelt stets auf einer Forststraße und gelangt zur Abzweigung, welche zu den Jagdhausalmen hinableitet. Man folgt diesem Weg nach links in das Almdorf. Danach kehrt man auf demselben Weg wieder zum Ausgangspunkt zurück. Man kann die Tour auch ausbauen und bis zum Staller Sattel weiterradeln und dort übers Antholzer und Tauferer Tal wieder zurückkehren.

Die Jagdhausalmen, die ältesten Almen Österreichs

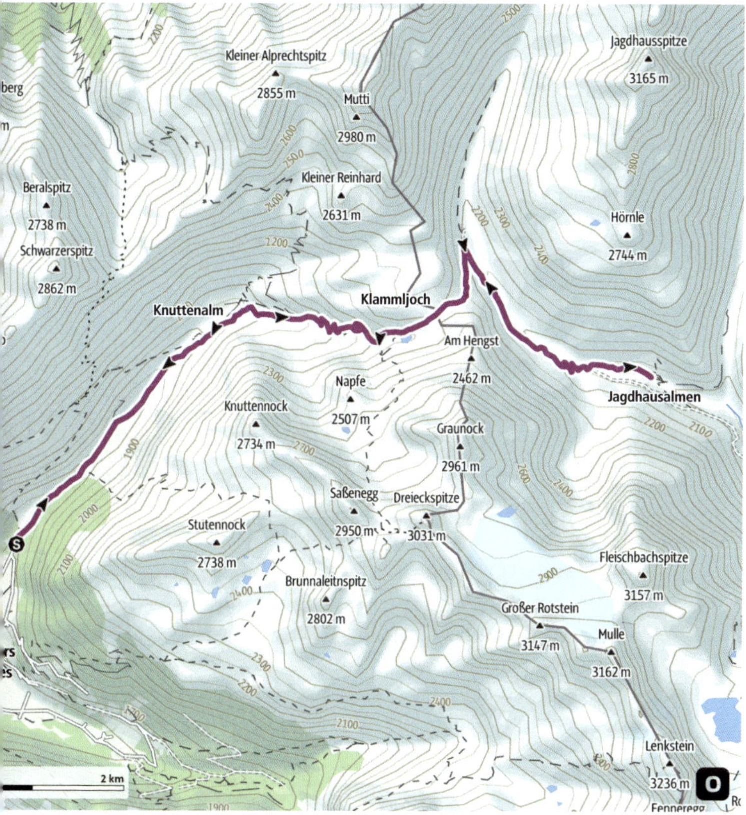

Kleiner Alprechtspitz 2855 m
Mutti 2980 m
Jagdhausspitze 3165 m
Beralspitz 2738 m
Kleiner Reinhard 2631 m
Hörnle 2744 m
Schwarzerspitz 2862 m
Knuttenalm
Klammljoch
Am Hengst 2462 m
Jagdhausalmen
Napfe 2507 m
Knuttennock 2734 m
Graunock 2961 m
Saßenegg 2950 m
Dreieckspitze 3031 m
Stutennock 2738 m
Fleischbachspitze 3157 m
Brunnaleitnspitz 2802 m
Großer Rotstein 3147 m
Mulle 3162 m
Lenkstein 3236 m
Fenneregg
2 km

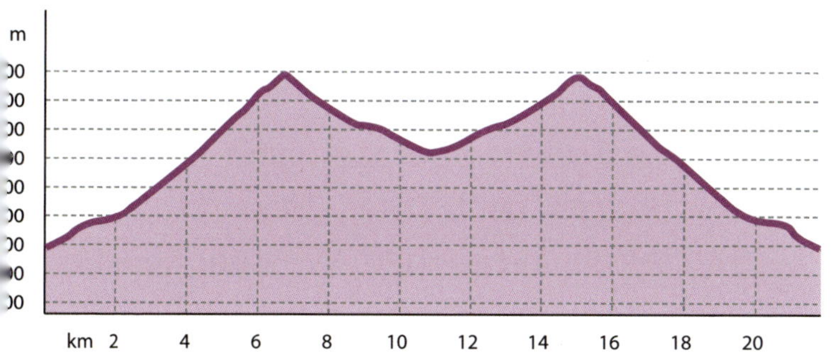

27 Dörfer- und Künstler-runde im Gadertal

„Von Corvara über Stern und den Sompuntsee nach Abtei, Oies und St. Kassian und auf dem Weg der Künstler nach Stern und Corvara zurück“

 Parkplatz nahe der Talstation der Boebahn in Corvara

 25,2 km

 mittel

 2:45 h

 auf der SS 244 von Bruneck oder über das Grödner Joch und die SS 243 nach Corvara

 515 m

515 m

Eine Tour mit gleich mehreren Höhepunkten: der Sompuntsee, das Geburtshaus des hl. Josef Freinademetz und neben den Kunstwerken am Kassianer Bach natürlich das Panorama.

Wegbeschreibung: Vom Parkplatz fährt man auf dem Radweg Richtung Kolfuschg, der die Staatsstraße unterquert und hinab zur Gader führt. Dort wendet man sich rechts und folgt dem Radweg am Bach entlang bis zur Sportzone von Stern. Nach dem Fußballplatz links abbiegen und dann rechts. Man gelangt auf die Staatsstraße, überquert diese und nimmt die linke Straße ins Dorfzentrum von Stern hinauf. Rechts weiter an der Kirche vorbei und bei der „Ciasa Rottonara" links halten. Die Straße wird zu einem Schotterweg, dann zu einem etwas schmaleren Wanderweg. Schließlich wieder auf Asphalt erreicht man den kleinen, hübschen Sompuntsee. Auf der Zufahrtsstraße des Hotels rechts hinabfahren und dann links weiter in den Weiler Paracia, an der Kapelle vorbei auf einer steilen, schmalen Schotterstraße kurz hinab und auf der Str. Runcac weiter bis Abtei. Dort auf der Hauptstraße

Diese kleine Kapelle weist den Weg nach Oies.

kurz rechts, nach der Sparkasse links hinab und bis nach St. Leonhard hinaufradeln. Bei der Kirche rechts halten, bei der „Ciasa di Pici" links und dann rechts auf der Anvistraße weiter. Man erreicht eine Kapelle, wo man links hinauf nach Oies radelt, zum Geburtshaus des hl. Josef Freinademetz. Danach kehrt man auf derselben Straße wieder zurück bis zur ersten großen Rechtskurve. Hier fährt man nun geradeaus (Sotru) und folgt dem „true les viles" bis zum Haus Cianins. Dort links hinauf zur Kapelle (Str. Biei) und dann rechts weiter. Bei der nächsten Weggabelung links, bis man die Landesstraße erreicht, auf der man nun links bis nach St. Kassian radelt. Wenn man diesen Ort nicht besuchen möchte, kann man bereits vorher der Beschilderung „La Costa" von der Straße rechts hinab folgen und gelangt zum Bach hinunter. Ansonsten am Dorfende auf die Landesstraße und beim Rondell zum Bach hinabfahren. Am Bach entlang auf der Strada Vedla, auch als „Tru di artisc" (Künstlerweg) bezeichnet, bis Stern radeln. Der Kassianer Bach fließt in die Gader und man hält sich hier links, auf dem Radweg Richtung Corvara und Kolfuschg. An der bereits bekannten Sportzone von Stern vorbei fährt man wieder zum Ausgangspunkt zurück.

TIPP

Ein weiterer Blickfang entlang der Route zwischen Sompuntsee und Abtei ist auch die Dauerausstellung der Skulpturen des Lois Anvidalfarei.

Badia - Abtei
LA CRUSC 1
Strada Arvi
Oies
Sotrü
Strada Danëz
SS244
La Ila - Stern - La Villa
San Ciascian - St. Kassian - San Cassiano
LS/SP37
Col Plö Alt
2315 m
Para da Giai
2503 m
2665 m
Le Ciaval (Heiligkreuzkofe
2907 m
Piz dl Zuber
2718 m
Rü
Piz la Ila
2078 m
BAMBY
Piz de Surega
2011 m
Col Alt
1980 m
ROBY
BRAIA FRAIDA
BIOK
ARLARA
Piz Bioch
2079 m
Strada Punt da Bos
Corvara - Corvara in Badia
2 km
km
5
10
15
20
25

28 Aussichtsreiche Gsieser Radlroute

❝ Von Welsberg über Schindelholz, Pichl, St. Martin bis in den Talschluss von Gsies und auf dem Radweg retour ❞

 Parkplatz gegenüber vom Prenninger Park (Kunsteisanlage) in Welsberg

39,7 km

 leicht

 4:00 h

 auf der SS 49 durch das Pustertal bis Welsberg

 719 m

719 m

Seit nicht allzulanger Zeit ist von Welsberg bis zum Talschluss von Gsies eine Radroute ausgewiesen. Bereits am Beginn stößt man am Bach in Welsberg auf von Schülern bemalte Lärchenbretter und allerhand andere Überraschungen. In diese Tour eingebunden wird auch ein Abstecher in den hübschen, sonnigen Weiler Schindelholz mit seinen stattlichen Höfen und der schönen Aussicht. Die urtümlichen Bauernhäuser mit den sonnenverbrannten Holzverkleidungen sind in Gsies eine besondere Sehenswürdigkeit, die jedem ins Auge sticht. Der Besuch auf der Moosalm bildet den kulinarischen Abschluss dieser Tour.

Wegbeschreibung: Vom Parkplatz fährt man zurück auf die Bahnhofstraße und dem Radleitsystem folgend ins Dorfzentrum hinein und weiter Richtung Westen bis zum Gsieser Bach. Vor der Brücke rechts abbiegen und entlang des Baches radeln, diesen bei der nächsten Brücke überqueren und dann auf dem Radweg bis zur zweiten Abzweigung, welche nach Taisten weist. Man unterquert die Staatsstraße,

Pichl im Gsieser Tal

fährt durch den Wald aufwärts und gelangt auf die Straße, welche von Taisten herüberführt. Hier rechts weiter, bis links die Straße Richtung Kneippweg und Schindelholz abzweigt. Auf dieser der Beschilderung nach Schindelholz folgend aufwärts radeln bis in den gleichnamigen Weiler, an den stattlichen Höfen und der kleinen Kapelle vorbei und wieder abwärts nach Pichl rollen. Oberhalb der Kirche und des Friedhofes weiter und bei der Straßengabelung wählt man die obere Straße (Niederpichl). Es folgt eine weitere Abzweigung, hier folgt man dem Talblickweg nach links, Richtung St. Martin. Nun erreicht man den Gsieser Radweg. Nach dem Steineggerhof bleibt man auf dem schmalen Asphaltsträßlein, das durch die Felder in eine Handwerkerzone leitet. Hier kann man der Radwegmarkierung folgen. Am Bach entlang wird man nach St. Martin geführt und radelt nun auf der anderen Seite des Baches weiter. Der Radweg zieht sich schließlich hinauf Richtung Talschluss. Vor der Brücke fährt man auf dem St.-Anna-Weg bis zur Moosalm weiter. Die Rückkehr erfolgt auf demselben Weg. Man radelt jetzt allerdings nicht mehr nach Schindelholz hinauf, sondern kehrt auf dem ausgewiesenen Radweg nach Welsberg zurück.

TIPP

Für Familien: Man kommt auch am Schau-Bauernhof Reierhof vorbei, dem Zuhause von rund 100 Tieren.

Mittertal - …a di Mezzo
2818 m
Regelspitze
2747 m
Spielbüh…
2272 m
Hoher Mann
2593 m
Moosalm
Ochsenfelder Spitz
2612 m
St. Magdalena - Santa Maddalena in Casies
Schawisköpfl
2439 m
Frisiberg
2538 m
Hörneckele
2127 m
Hochstein
2464 m
St. Martin - San Martino in Casies
Durakopf
2275 m
Eisatz
2493 m
Rudlhorn
2448 m
Hühnerspiel
2348 m
Salzla
2131 m
Hochhorn
2625 m
Toblach…
Rosszogel
2170 m
Schindelholz
Pichl - Colle
Unterplanken - Planca di sotto
Taisten - Tesido
…rg - Monguelfo
Wahlen - Valle San Silvestro
5 km
Niederdorf - Villabassa
Toblach - Dobbiaco

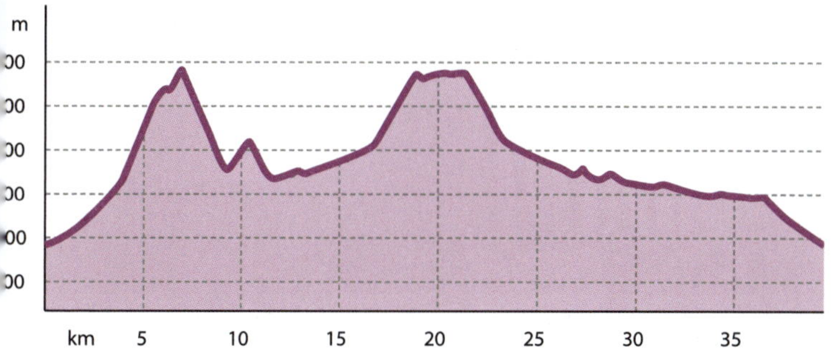

Kapelle in Schindelholz

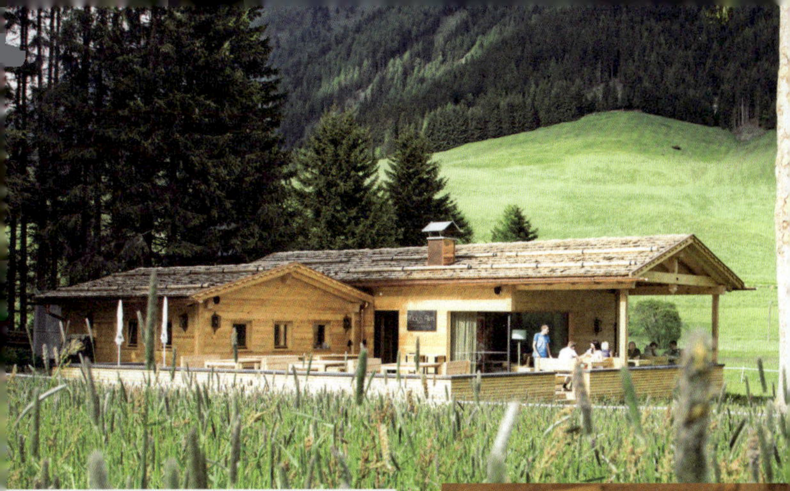

DIE MOOS ALM

**Die aus Holz gebaute Hütte mit ihrem modernen alpinen Stil strahlt Gemütlichkeit aus.
Die großzügige Terrasse bietet viel Platz, um Sonne, Essen und die fantastische Aussicht zu genießen.
Die Küche auf der Moos Alm besteht aus typisch Südtiroler Gerichten und speziellen Klassikern. Die Verwendung frischer Zutaten und die liebevolle Zubereitung schmeckt man, hier schlagen Genießerherzen höher!**

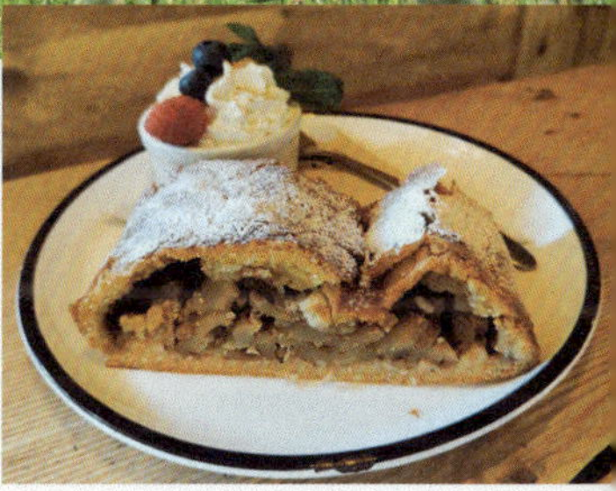

Pater-Steinmair-Weg 10
I-39030 Gsieser Tal

T +39 0474 948735
moosalm22@hotmail.com
www.moosalm.it

Öffnungszeiten
Anfang Dezember bis Ostern
Anfang Juni bis Ende Oktober
Ruhetag: Montag
August kein Ruhetag

29 Dolomitenklassiker auf die Plätzwiese

Von Niederdorf zum Toblacher See und Dürrensee, von Schluderbach auf die Plätzwiese und übers Pragser Tal zurück

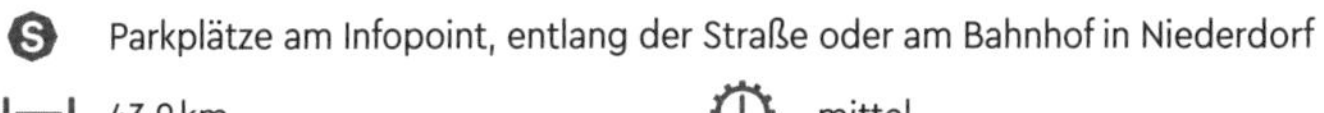

Parkplätze am Infopoint, entlang der Straße oder am Bahnhof in Niederdorf

43,9 km

3:40 h

908 m

908 m

mittel

auf der SS 49 bis zur westlichen Dorfeinfahrt von Niederdorf

Diese landschaftlich sehr reizvolle Tour hat einiges zu bieten: Seen, Dolomitengipfel, Geschichte und interessante Radwege. Von Toblach verläuft der Radweg nämlich auf der Trasse der ehemaligen Schmalspurbahn nach Cortina.

Wegbeschreibung: Vom Infopoint fährt man in östliche Richtung ins Dorfzentrum von Niederdorf und weiter über die Frau-Emma-Straße. Bald weisen Schilder an der rechten Seite auf den Pustertal-Radweg hin, dem man nun Richtung Toblach folgt. Kurz vor dem dortigen Bahnhof scharf rechts Richtung Toblacher See und Cortina. Auch dieser Radweg ist verlässlich ausgeschildert. Der Radweg durch das Höhlensteintal verläuft nun auf einer Schotterstraße, ist aber angenehm befahrbar und ohne nennenswerte Steigungen. Man erreicht den Toblacher See und den Dürrensee und bald danach die Straße, welche Richtung Misurina führt. Man fährt vom Radweg ab und hält sich auf dieser Straße rechts (Schild „Plätzwiese" auf der anderen Straßenseite) bis zur Kreuzung mit der SS 51 in Schluderbach. Hier links abbiegen, auf der Staatsstraße

Der Pustertaler Radweg zwischen Niederdorf und Toblach

am Hotelkomplex und dem Kirchlein vorbeiradeln und bald danach der Straße rechts hinauf Richtung Plätzwiese folgen. Auf Schotter, teilweise Asphalt und einigen kurzen, etwas ruppigeren Wegpassagen wird nunmehr mit großteils angenehmer Steigung über mehrere Serpentinen nach etwa sieben Kilometern die Plätzwiese und die gleichnamige Hütte erreicht. Gleich danach führt eine asphaltierte Straße hinab ins Pragser Tal. Auf zu Beginn etwas enger, aber dann breiter Straße wird Brückele erreicht. Man fährt einfach auf dieser Straße weiter durch das Altpragser Tal hinaus und gelangt zur Kreuzung mit der Straße zum Pragser Wildsee. Hier geht es immer noch geradeaus weiter Richtung Welsberg. Bald befindet sich rechter Hand ein Kirchlein und hinter diesem führt eine Straße (Nr. 1) rechts hinauf. Auf dieser bleibend (nicht in den Lerchenweg abbiegen!) erreicht man den Pustertaler Radweg. Auf diesem hält man sich rechts, fährt unter der Pustertalbahn durch und kehrt auf der bereits bekannten Straße nach Niederdorf zurück.

Die Hochfläche der Plätzwiese

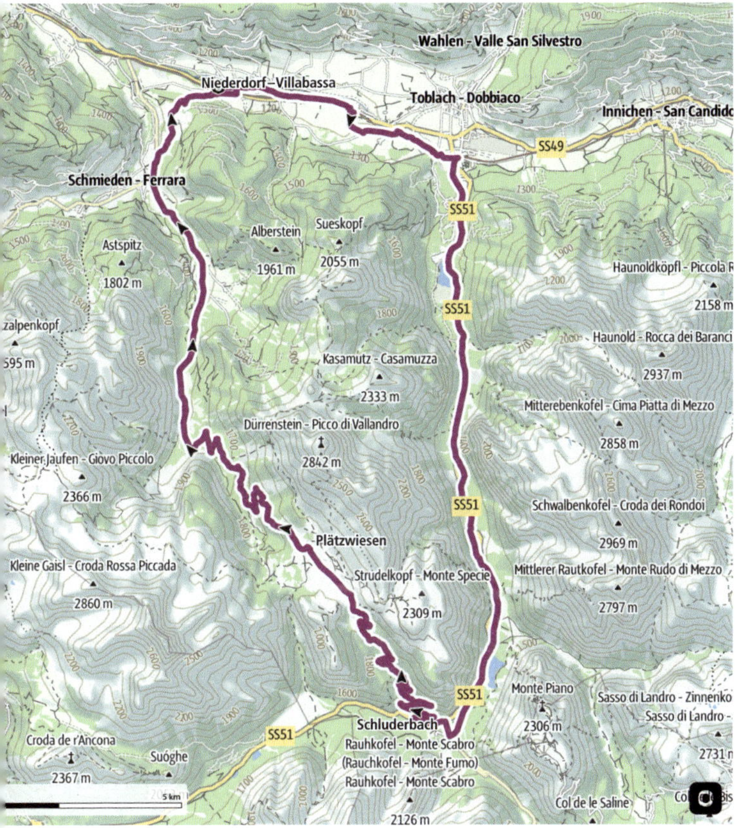

Wahlen - Valle San Silvestro
Niederdorf - Villabassa
Toblach - Dobbiaco
Innichen - San Candido
SS49
Schmieden - Ferrara
SS51
Alberstein
1961 m
Sueskopf
2055 m
Astspitz
1802 m
Haunoldköpfl - Piccola R
2158 m
Haunold - Rocca dei Baranci
2937 m
Kasamutz - Casamuzza
2333 m
Mitterebenkofel - Cima Piatta di Mezzo
2858 m
Dürrenstein - Picco di Vallandro
2842 m
Kleiner Jaufen - Giovo Piccolo
2366 m
Schwalbenkofel - Croda dei Rondoi
2969 m
Plätzwiesen
Kleine Gaisl - Croda Rossa Piccada
2860 m
Strudelkopf - Monte Specie
2309 m
Mittlerer Rautkofel - Monte Rudo di Mezzo
2797 m
Monte Piano
2306 m
Sasso di Landro - Zinnenko
Sasso di Landro
2731 m
Schluderbach
Rauhkofel - Monte Scabro
(Rauchkofel - Monte Fumo)
Rauhkofel - Monte Scabro
2126 m
Croda de r'Ancona
2367 m
Suóghe
Col de le Saline
5 km

km
5
10
15
20
25
30
35
40

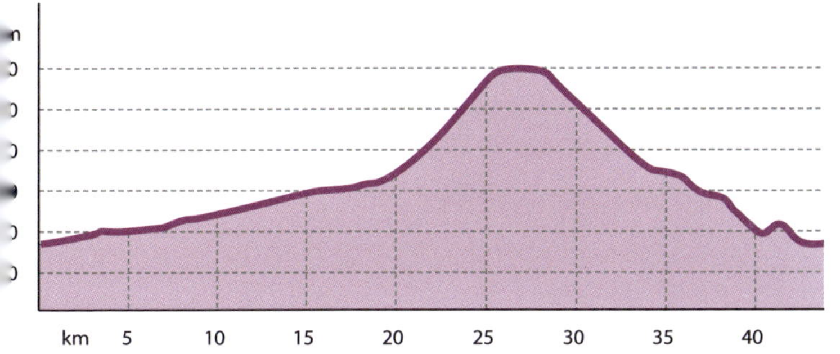

30 Silvestertal- und Haselsbergrunde

Von Toblach über das Silvestertal zur Silvesteralm, weiter zur Lachwiesenhütte, über den Haselsberg nach Innichen und auf dem Radweg retour

 Parkplatz in der Maximilianstraße in Toblach

 32,3 km

 3:30 h

 829 m

 829 m

 mittel

 auf der SS 49 bis Toblach und über die von der Staatsstraße abzweigende Maximilianstraße bis zum Parkplatz in dieser Straße

Durch das idyllische Silvestertal erreicht man die hübsch gelegene Silvesteralm. Eine weitere Einkehrmöglichkeit bietet die Lachwiesenhütte, bevor man auf einer ehemaligen Militärstraße zum Haselsberg gelangt. Höfe und Kapellen sowie eine herrliche Aussicht sorgen dort für Abwechslung.

Wegbeschreibung: Vom Parkplatz radelt man kurz auf der Maximilianstraße Richtung Norden bis zum Friedhof. Nun hält man sich rechts und fährt auf der Franz-Anton-Zeiller-Straße Richtung Silvestertal. Diese geht über in die Silvesterstraße, der man immer geradeaus weiter folgt. Man kommt an einem Speicherbecken und Parkplatz vorbei; die Asphaltstraße geht schließlich in einen Forstweg über, der sich am Silvesterbach entlang recht angenehm ins gleichnamige Tal hineinzieht. Man entdeckt rechts die Silvesteralm und bald kann man diese über eine Brücke rechts haltend erreichen. Oberhalb von der Hütte führt der Forstweg weiter. Bei der nächsten Weggabelung besteht eventuell die Möglichkeit links haltend die Silvesterkapelle zu erreichen. Man kehrt

Im Silvestertal

nach deren Besuch zurück zu diesem Punkt, erreicht eine Rechtskurve, der man folgt und dann geht es weiter Richtung Lachwiesenhütte. Man radelt an dieser vorbei und fährt dann auf einer ehemaligen, nunmehr asphaltierten Militärstraße abwärts bis zur querenden Haselsbergstraße. Dort führt die ausgeschilderte Radtour „Haselsberg-Runde 027" links weiter. Man folgt dieser aussichtsreichen Höhenstraße; oberhalb vom Schopfenhof führt sie nochmals bergauf und dann abwärts nach Innichen. Sobald man die Pustertaler Staatsstraße erreicht, an dieser entlang kurz nach links radeln, dann die Gleise unterqueren und dann rechtshaltend über die Mantinger- und Peter-Paul-Rainer-Straße weiterfahren. Man gelangt zur Radweg-Markierung in der Matthias-Schranzhofer-Straße und kehrt auf der Pustertaler Radroute wieder zurück nach Toblach. Vorbei am ehemaligen Grandhotel biegt man gegenüber vom Hotel Union rechts ab und folgt der Dolomitenstraße bis zum Kreisverkehr an der Pusterer Straße. Man überquert diese und erreicht über die St.-Johannes-Straße bergauffahrend die Zipfangerstraße. Auf dieser radelt man wieder zurück zum Ausgangspunkt.

TIPP

Ein Besuch der schön gelegenen und interessanten Silvesterkapelle ist zu empfehlen. Allerdings sollte man auf einige Schiebepassagen vorbereitet sein.

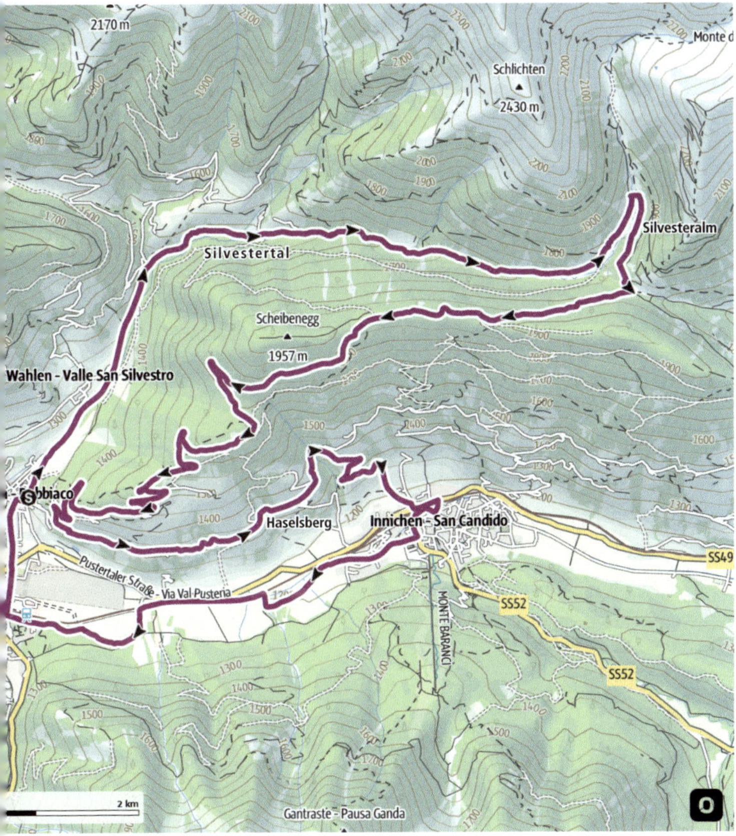

Schlichten
2430 m
2170 m
Monte d
Silvestertal
Silvesteralm
Scheibenegg
1957 m
Wahlen - Valle San Silvestro
Toblach - Dobbiaco
Haselsberg
Innichen - San Candido
Pustertaler Straße - Via Val Pusteria
MONTE BARANCI
SS49
SS52
Gantraste - Pausa Ganda
2 km

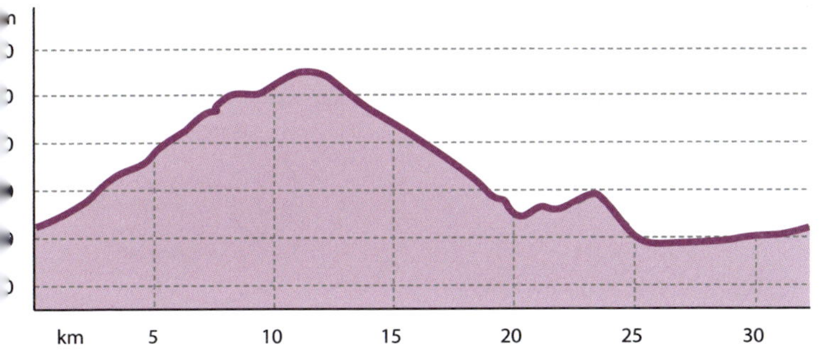

Hinweis: Alle Angaben in diesem E-Bike-Führer wurden von der Autorin sorgfältig recherchiert. Sollten Sie bei Ihren Touren dennoch Unstimmigkeiten bemerken, nimmt der Verlag Ihre Hinweise gerne entgegen (buchverlag@athesia.it). Die Benutzung dieses Führers erfolgt auf eigenes Risiko. Eine Haftung für etwaige Unfälle und Schäden wird weder von der Autorin noch vom Verlag übernommen.

BILDNACHWEIS

Alle Bilder stammen von **Rosmarie Rabanser Gafriller** mit Ausnahme von: ©**Archiv Georg Tappeiner** 64; **IDM Südtirol** (Matt Cherubino) 4, (Kirsten J. Sörries) 7, (Marion Lafogler) 14, (Harald Wisthaler) 84; **stock.adobe.com** 44, 68; **kamillaphotography** 147 o. und dem **Privatbesitz der Inserenten.**

2. Auflage 2026

Weinbergweg 7
I-39100 Bozen
buchverlag@athesia.it

Umschlaggestaltung: FAVORITBUERO, München
Design & Layout: Athesia-Tappeiner Verlag
Kartografie: © Outdooractive; © OpenStreetMap (ODbL) – openstreetmap.org
Druck: Athesia Druck, Bozen
Papier: Umschlag Symbol Card, Innenteil UPM Fine

Gesamtkatalog unter
www.athesia-tappeiner.com

ISBN 979-12-80864-04-8